suhrkamp

Bestimmendes Kennzeichen der österreichischen Nachkriegszeit ist die Harmonisierung von gesellschaftlichen Widersprüchen. Gegensätze, die auf der parlamentarisch-demokratischen Bühne ausgetragen werden, bleiben blasser öffentlicher Schein, während hinter den Kulissen immer schon der Kompromiß ausgehandelt ist.

Diese Kompromißkultur der Sozialpartnerschaft blieb aber nicht auf das politische und wirtschaftliche Leben beschränkt, sondern hat auch den »Überbau«, den österreichischen Literaturbetrieb und die österreichische Literatur selbst, durchdrungen.

Robert Menasse wagt den Versuch einer Interpretation der österreichischen Nachkriegsliteratur, zeigt, wie der Literaturbetrieb der Zweiten Republik im Geist der Sozialpartnerschaft strukturiert wurde, und stellt die Frage nach dem Österreichischen in der österreichischen Literatur völlig neu. Respektlos nähert er sich den großen Namen der heimischen Literatur: Alexander Lernet-Holenia, Gerhard Fritsch, Hans Weigel tauchen in dieser exakten und pointierten Untersuchung ebenso auf wie Heimito von Doderer, Fritz Habeck, Klaus Hoffer, Peter Handke oder Thomas Bernhard.

Robert Menasse wurde 1954 in Wien geboren, wo er auch heute lebt. Bisher publizierte er die Romane *Sinnliche Gewißheit* (1988, revidierte Fassung 1996, st 2688), *Selige Zeiten, brüchige Welt* (1991, st 2312) und *Schubumkehr* (1995), die *Phänomenologie der Entgeisterung* (1995, st 2389) sowie die beiden Essaybände *Die sozialpartnerschaftliche Ästhetik* (1990), und *Das Land ohne Eigenschaften* (1992). Für *Selige Zeiten, brüchige Welt* erhielt Robert Menasse den Heimito von Doderer-Preis und den Literaturförderpreis der Deutschen Industrie.

Robert Menasse

Überbau und Underground

Die sozialpartnerschaftliche Ästhetik

Essays zum österreichischen Geist

Suhrkamp

Der 1990 erstmals im Verlag Sonderzahl, Wien,
erschienene Band wurde von Robert Menasse
für diese Ausgabe überarbeitet.
Umschlagfoto: Aleksandra Pawloff

suhrkamp taschenbuch 2648
Erste Auflage 1997

Lizenzausgabe mit freundlicher Genehmigung
der Sonderzahl Verlagsgesellschaft m.b.H., Wien
Suhrkamp Taschenbuch Verlag

Satz: IBV, Berlin
Druck: Nomos Verlagsgesellschaft, Baden-Baden
Printed in Germany
Umschlag nach Entwürfen von
Willy Fleckhaus und Rolf Staudt

1 2 3 4 5 6 – 02 01 00 99 98 97

Inhalt

Vorbemerkung zur Neuausgabe

Ende der siebziger Jahre geisterte das Schlagwort von der »Verösterreicherung der deutschen Literatur« durch das deutsche Feuilleton und die österreichischen Kulturnotizen. Gemeint war, daß die Literatur aus dem kleinen Österreich überraschend großen Erfolg auf dem deutschen Markt hatte, und zwar auf der Basis von deutlich empfundenen, aber schwer definierbaren Besonderheiten, die sie von der übrigen deutschsprachigen Literatur unterschied.

Als ich 1981 eingeladen wurde, an der Universität São Paulo Vorlesungen über die neuere österreichische Literatur zu halten, schrieb ich eine Reihe von Vorträgen, in denen ich zu zeigen versuchte, daß die inhaltlichen und ästhetischen Besonderheiten der österreichischen Literatur genauso wie die organisatorischen Besonderheiten des österreichischen Literaturbetriebs sich von den Eigentümlichkeiten der gesellschaftlichen Organisationsform in Österreich, nämlich der sogenannten Sozialpartnerschaft, ableiten ließen. Das sozialpartnerschaftliche System hat gleichsam als Dunstglocke jeden österreichischen Autor der Zweiten Republik geprägt, und Spuren dieser Prägung lassen sich bei fast allen neueren österreichischen Autoren nachweisen, so unterschiedlich ihre ästhetischen Konzepte im einzelnen auch sind. Das heißt, daß man, wenn man strukturell markante ästhetische Besonderheiten untersucht, zwischen zum Beispiel Peter Handke und Ernst Jandl spezifische Gemeinsamkeiten entdecken kann – wenngleich auch diese vordergründig weniger naheliegend erschienen als Gemeinsamkeiten zwischen Ernst Jandl und Eugen Gomringer oder zwischen Peter Handke und Botho Strauß. Diese Gemeinsamkeiten habe ich in meinen Vorlesungen mit dem Begriff »Sozialpartnerschaftliche Ästhetik« zu beschreiben versucht und schließlich in einem längeren Essay mit diesem

Titel zusammengefaßt. Kopien dieser Arbeit schickte ich an Autoren, Kritiker und Germanisten, an deren Urteil mir gelegen war. Produktive Reaktionen habe ich in den Text eingearbeitet, wobei ich in diesem Zusammenhang Wendelin Schmidt-Dengler, Franz Schuh und Peter Turrini danken möchte.

Was ich nicht wußte, war, daß Kopien dieser Kopien in Wien zu zirkulieren begannen, was schließlich dazu führte, daß mich der Wiener Sonderzahl Verlag kontaktierte, der dieses »heftig diskutierte Underground-Typoskript« in Buchform publizieren wollte. Mittlerweile waren aber meine These und vor allem die Beispiele, auf die sie sich stützte, einige Jahre alt, und es stellte sich die Frage, ob es nicht sinnvoll wäre, die Arbeit durch neuere Beispiele zu ergänzen. Ich unterließ dies bewußt, weil durch das Anfügen aktuellerer Beispiele nichts anderes gewonnen worden wäre als eben dies: daß man die Belege vermehren kann. Ich war der Meinung, daß jeder Leser das selbst versuchen könne. Ich ergänzte allerdings die »Sozialpartnerschaftliche Ästhetik« für die Buchpublikation durch einige Essays, die in den darauffolgenden Jahren entstanden sind, allesamt Versuche, die These von den Eigentümlichkeiten des »österreichischen Geistes« anhand einzelner Beispiele zu konkretisieren und zu vertiefen. Als das Buch schließlich erschien, löste es in Österreich heftige Debatten aus. Dies hatte damit zu tun, daß das sozialpartnerschaftliche System damals erstmals in eine schwere Krise geraten war, ausgelöst durch die Wahl Kurt Waldheims zum österreichischen Bundespräsidenten und Jörg Haiders zum Parteiobmann der Freiheitlichen Partei Österreichs. Die gesellschaftliche Spaltung, die diese beiden Politiker auslösten, sprengte nachhaltig das harmonisierende Konzept, das den gesellschaftlichen Diskurs in Österreich vierzig Jahre lang geprägt hatte. Nun waren Diskussionen möglich, die kurz davor noch undenkbar erschienen wären. Man kann sagen, daß das Jahr 1989, das Europa so nachhaltig verändert hatte, für Österreich bereits 1986 stattgefunden hatte: eine Systemimplosion und in der Folge ein gesellschaftlicher Transformationsprozeß, dessen Ende und Konsequenzen noch nicht absehbar sind, wobei aber klar ist, daß in absehbarer Zeit nichts mehr so werden kann, wie es vordem war.

Für die Neuausgabe dieses nun seit einiger Zeit vergriffenen Buches habe ich im zweiten Teil zwei Essays durch drei neuere ersetzt, die diesen Transformationsprozeß reflektieren. Den Essay über die »sozialpartnerschaftliche Ästhetik« habe ich nochmals durchgesehen, aber bis auf geringfügige Korrekturen so belassen, wie er war. Natürlich weiß jeder, der schreibt, daß man etwas, das man vor fünfzehn Jahren geschrieben hat, heute nicht mehr so formulieren würde. Es ist aber befriedigend festzustellen, daß man inhaltlich immer noch zu einem vor so vielen Jahren geschriebenen Text und seinen Argumenten stehen kann, auch wenn sich durch den Abstand die Leseweise ändern mag. »Die sozialpartnerschaftliche Ästhetik« war damals, als sie geschrieben wurde, der erste Versuch, einen zweifellos vorhandenen Vermittlungszusammenhang zwischen allgemeinem Bewußtsein und Literatur in der Zweiten Republik aufzuspüren. Heute kann man diesen Text vielleicht als Vorformulierung eines mittlerweile abgeschlossenen literaturgeschichtlichen Kapitels lesen: Denn durch die Erosion der österreichischen Sozialpartnerschaft ist die Geschichte der sozialpartnerschaftlichen Ästhetik genauso zu Ende gegangen wie etwa die Geschichte der DDR-Literatur durch den Zusammenbruch des SED-Regimes. Referenzen auf die Sozialpartnerschaft haben daher heute in Österreich etwas so Nostalgisches, daß sie immer auch gleich trotzig als Utopien formuliert werden: Sepp Wille, ein ehemals hochrangiger Funktionär der Sozialpartnerschaft, nun Pensionist, rief sich in der Tageszeitung *Kurier* mit der »Botschaft« in Erinnerung, daß alle »Probleme«, die Österreich aktuell habe, darauf zurückzuführen seien, daß plötzlich so »offen diskutiert« werde. Es müsse wieder möglich werden, so Wille, die relevanten Fragen hinter verschlossenen Türen zu klären. Und der Vizekanzler Österreichs, Wolfgang Schüssel, der schon so erfolglos wie unnötig eine Wahl vom Zaun gebrochen hatte, um Kanzler zu werden, träumte unlängst in einem Interview, das die Zeitung *Der Standard* mit ihm führte, in seiner Sehnsucht nach alten Zeiten von einer »Verösterreicherung Europas«:

Schüssel: Ich möchte dieses Europa verösterreichern…
Der Standard: Das hieße, ganz Europa ein einziger Heuriger?
Schüssel: Nein. Es geht um unsere Art der sozialen Marktwirtschaft.
Der Standard: Eine europäische Sozialpartnerschaft?
Schüssel: Zum Beispiel.

Die Sozialpartnerschaft in Österreich war, solange sie reibungslos funktionierte, ein undemokratisches, das Parlament entmachtendes, die Verfassung unterlaufendes System mit einem Hang zur infantilen Selbstdarstellung. Ein unbeabsichtigter Erfolg dieses Systems war, daß in seinem und gegen seinen Geist eine Literatur entstand, die die deutsche Literatur »verösterreichern« konnte. Die Verösterreicherung Europas aber ginge zu weit und wäre eine gefährliche Drohung. Viele Österreicher haben schließlich für den EU-Beitritt gestimmt, in der Hoffnung auf eine Entösterreicherung Österreichs – wie immer sie heute dazu stehen mögen.

Robert Menasse
Amsterdam, im August 1996

Die sozialpartnerschaftliche Ästhetik

Das Österreichische
an der österreichischen Literatur
der Zweiten Republik

Der Weisheit erster Schluß

Als Kind erschienen mir manchmal bunte Glasscherben am Weg, die im richtigen Abstand vor mir in der Sonne blinkten, als Juwelen. Wenn ich die vermeintlichen Edelsteine aufheben wollte, erkannte ich natürlich, daß es sich bloß um Scherben handelte, war aber eigentümlicherweise fast nie enttäuscht. Denn man konnte sie drehen und wenden, wie man wollte, die meisten Scherben bestanden, vor allem bei rechtem Licht, so nachdrücklich auf ihrem poetischen Glitzern, daß ich sie – wider schlechteres Wissen – als Juwelen akzeptierte. Ich gestand sozusagen den Glasscherben zu, daß ihr Juwel-Schein ihr wahres Wesen sei. Und das ist es unter Umständen tatsächlich, denn ein Glasscherben kann ja nur deshalb als Juwel erscheinen, weil er die wesentlichen Merkmale des Juwels zu erfüllen vermag: bunt und prächtig zu glitzern. Mehr leistet der Edelstein auch nicht, er ist bloß »echt«, aber das ist er auch noch lange nicht, solange er noch ungehörig in der Erde schlummert wie der Glasscherben am Weg. Ich trug die Scherben also nach Hause. Dort aber, unter anderem Licht besehen, kam die Enttäuschung, die Edelsteine zerfielen mir in Scherben.

Immerhin aber war ich dem schönen Eindruck, den sie mir vordem gemacht hatten, dankbar genug, um sie nicht wegzuwerfen. Ich vergrub sie im Garten wie einen Schatz, was ich aber nicht getan hätte, wenn es wirklich einer gewesen wäre. Das heißt, daß ich am Ende den Schatz nur deshalb als einen solchen behandeln konnte, weil er mir offenbart hatte, daß er doch keiner war.

Mein Glasscherbenschatz kam mir so überraschend wie nachdrücklich in Erinnerung, als ich den Weg verfolgte, den die österreichische Literatur in der Zweiten Republik zurückgelegt hatte. Ich begann diese Literatur zu lesen, so wie ich früher die Glasscherben aufgelesen hatte.

Vielleicht ist es der Weisheit erster Schluß, daß die große Bedeutung, der sich die österreichische Literatur heute erfreut, auch darauf zurückzuführen ist, daß sie tatsächlich, in gewissem Licht, so prächtig und edel zu glitzern versteht. Daß sie also als Reichtum, als Schatz erscheint, auch wenn sie, unter anderem Licht besehen, zu einem Haufen Scherben zerfällt. Aber genau deswegen bleibt sie doch ein Schatz, der begraben werden kann in der Literaturgeschichte.

Die Basis der österreichischen Gegenwartsliteratur

Die Frage, was das »Österreichische« an der österreichischen Literatur sei, hat schon Generationen von Literaturhistorikern Sorgen bereitet. Die Antworten waren, euphemistisch formuliert, dürftig.

Als 1966 die deutsche Übersetzung der Arbeit von Claudio Magris *Der habsburgische Mythos in der österreichischen Literatur* erschien, flackerte die Diskussion noch einmal kurz auf, aber nur, um dann über ein Jahrzehnt beinahe völlig zu verstummen. Dieses Verstummen hatte mehrere Gründe. Erstens sprach daraus die beredte Erleichterung, daß endlich ein Begriff gefunden war, unter den die unzweifelhaft als österreichisch geltende Literatur, nämlich die von Grillparzer bis Doderer, subsumiert werden konnte.

Zweitens deckte dieser Begriff genau jene Literatur ab, auf die das damals bereits weitgehend durchgesetzte und noch nicht angefochtene kulturelle Selbstverständnis des »Neuen Österreich« verwies: Hauptaufgabe des nun so kleinen Österreich – so lautete die Formel – könne es nur sein, sein großes kulturelles Erbe zu pflegen und zu erhalten, also kulturell ein republikanisches Museum der Habsburgermonarchie zu sein. Magris' Buch korrelierte also prächtig mit einer Kulturpolitik, die 1955 das Burgtheater nicht zufällig mit Grillparzers *König Ottokar* wiedereröffnete und die der reproduzierenden Kunst vor der produzierenden den eindeutigen Vorzug gab.

Drittens begann damals die Auswanderungswelle österreichischer Autoren in die Bundesrepublik Deutschland, zu deutschen Verlagen und auf den deutschen Markt, wodurch die Frage nach dem »Österreichischen« dieser Autoren nur noch eine nach deren Geburtsort zu sein schien. Doch 1976 erschien die von Walter Weiss und Sigrid Schmid herausgegebene Anthologie österreichischer Gegenwartsliteratur *Zwischenbilanz*, in deren einleitendem Essay der Salzburger Germanist Weiss von einer neuen »Hochblüte der Literatur in (aus) Österreich« spricht, »die heute in einem beträchtlichen Maß die Physiognomie der deutschsprachigen Gegenwartsliteratur bestimmt, in einem viel stärkeren Maß jedenfalls, als es der Kleinheit ihres Herkunftsgebietes, statistisch gesehen, zukäme.« Diese Worte eines österreichischen Germanisten in einer Anthologie österreichischer Literatur, die in einem österreichischen Verlag erschienen war, mochten in manchen Ohren vielleicht noch wie eine lokalpatriotische Einschätzung geklungen haben, doch allerspätestens 1979 stand allgemein und unwidersprechlich fest, daß diese Einschätzung nicht zu triumphalisch formuliert war. Der bundesdeutsche Literaturkritiker Ulrich Greiner, der zuvor schon in der *Frankfurter Allgemeinen Zeitung* die Frage gestellt hatte: »Wieso bringt das kleine Österreich eine so große Zahl beachtlicher Schriftsteller hervor?«, ging in seinem 1979 veröffentlichten Buch *Das Ende des Nachsommers* explizit der Frage nach dem »Österreichischen« in der österreichischen Literatur nach.

Ein anderer deutscher Literaturfeuilletonist, Heinrich Vormweg, sprach – ebenfalls 1979 – bereits von einer »Verösterreicherung der deutschen Literatur«, ein Schlagwort, das sich, wie sich zeigen sollte, rasch durchsetzte und auch in der ansonsten sehr zurückhaltenden österreichischen Literaturberichterstattung zum Topos wurde: So berichtete etwa Kurt Kahl in der Wiener Tageszeitung *Kurier* von der Frankfurter Buchmesse 1979, daß »die Verösterreicherung der Literatur die Sprachgrenzen überspringt«, da eine außergewöhnliche Menge von Lizenzen österreichischer Literatur ins Ausland verkauft wurde.

Ebenfalls 1979 widmete das *Börsenblatt für den deutschen Buchhandel* eine Sondernummer der österreichischen Literatur, aber auch die bundesdeutsche Germanistik begann sich verstärkt mit dem Phänomen »österreichische Literatur« zu beschäftigen, wie, um hier nur ein Beispiel anzuführen, das Symposium *Literatur aus Österreich – österreichische Literatur* an der Universität Bonn im November 1980 zeigt.

Spätestens zu diesem Zeitpunkt also war »österreichische Literatur« und die Frage, was sie eigentlich sei, wieder aktuell, nur war jetzt nicht mehr vom literarischen »Erbe« Österreichs die Rede, sondern von den Erben selbst, der lebenden zeitgenössischen Literatur, die offensichtlich im einzelnen zwar schwer faßbare, im allgemeinen aber deutlich empfundene Besonderheiten zu haben schien, die unter dem Etikett »österreichisch« zusammengefaßt und vermarktet wurden. Diese Literatur brachte es nicht nur zu einer Prädominanz im deutschen Sprachraum, sondern – zumindest quantitativ – zu einer bis dato nicht gekannten internationalen Bedeutung.

Die neu aufgeworfene Frage nach dem Österreichischen der österreichischen Gegenwartsliteratur führte allerdings nur zu einer Reihe von Beschreibungen, aber zu keinen neuen Begriffen. Da die »Gültigkeitsdauer« von Magris' These ja nicht bis in die Gegenwart verlängert werden konnte, begnügte sich die österreichische Germanistik damit, die »Vielfalt« und den »Reichtum« der österreichischen Literatur aufzulisten, und predigte, daß dies nicht erklärt werden könne. Selbst dort, wo Walter Weiss oder der Wiener Germanist Wendelin Schmidt-Dengler (der nach einer Reihe von Einzeluntersuchungen österreichischer Autoren 1979 eine vorläufige Zusammenschau in seinem Aufsatz »Europäische nationale Literaturen: 1. Österreich« vorlegte) hervorstechende Phänomene der Entwicklung der österreichischen Literatur präzise beschrieben, herrschte ein Staunen vor, das die eigentümlichen Phänomene stets als Barriere vor der Erkenntnis und nicht als Rutsche in die Erkenntnis sah: etwa wenn auf den Widerspruch hingewiesen wurde zwischen der außerordentlichen »Hochblüte« der österreichischen Literatur, ihrer überproportionalen Bedeutung im deutschen Sprachraum, und der gleichzeitigen politischen und ökonomischen Bedeutungslosigkeit Österreichs im Vergleich mit den modernen Industriemächten, aber auch mit seiner eigenen einstigen Größe.

Dieses Staunen ist nichts anderes als ein wohliges Verharren vor der immer wieder gestellten Frage: »Wieso bringt das kleine Österreich eine so große Zahl beachtlicher Schriftsteller hervor?« Diese Frage ist tatsächlich der archimedische Punkt. Sie zeigt, daß der Hinweis auf den Zusammenhang zwischen Geistesleben und, in letzter Instanz, Ökonomie bereits zum Gemeinplatz geworden ist, nicht aber das Wissen um das Wie der Vermittlung.

Daß nämlich der »Kleinheit« eines Landes, also einer im internationalen Vergleich relativ bedeutungslosen ökonomischen Potenz, nur eine unbedeutende Literatur, die sich international kaum durchsetzen kann, entsprechen müsse, ist eine dürftige Ad-hoc-Improvisation, ohne jede Basis in der Wirklichkeit.

In Wirklichkeit – um dieses große Wort weiter zu bemühen – ist es ja immer wieder so, daß in Überbaudisziplinen (wie eben Literatur, Musik, Philosophie etc.) nach einem

Wort von Friedrich Engels gerade »ökonomisch zurückgebliebene Länder doch die erste Violine spielen können.« Dafür gibt es aber jeweils gute Gründe. Wenn wir »dem« Österreicher keine besondere gott- oder naturgegebene dichterische Ader andichten wollen, müssen wir – damit der Verweis auf dieses Engels-Zitat nicht als eine zwar der österreichischen Wirklichkeit entsprechendere, sonst aber genauso dürftige Ad-hoc-Improvisation erscheint – uns fragen, ob es in der ökonomischen Struktur Österreichs eine Besonderheit gibt, die seine literarische Prädominanz plausibel begründet.

Was konstituiert also das Spezifische der österreichischen Literatur, das Typische, wie man sagt, das sie von den Literaturen jener Staaten unterscheidet, die sich alle auf das in den Grundlagen gleiche ökonomische und politische System geeinigt haben? Was konstituiert vor allem aber – und zumindest – den Unterschied der österreichischen zu jener Literatur, mit der sie Markt und Sprache gemeinsam hat, nämlich der bundesdeutschen?

Diese Frage ist nicht schwer zu beantworten, muß man doch schon beim ersten Blick einer genaueren Betrachtung erkennen, daß der Satz von der relativen ökonomischen Zurückgebliebenheit des österreichischen Kapitalismus zwar wahr, nicht aber dessen ganze Wahrheit ist.

Denn das isolierte Herausheben eines Aspekts aus der Gesamtheit der Produktionsverhältnisse macht ja noch keinen Begriff von der ökonomischen Struktur, sowenig wie die »schlechte Unendlichkeit« einer kunterbunten Aufzählung aller möglichen Aspekte. Denn wie ersteres zu nichts, so ist bei zweiterem nichts zueinander in Beziehung gesetzt.

Aber worin sonst als in den Beziehungen der Produktionsfaktoren zueinander, also in deren jeweiliger konkreten Organisationsform, kann die Besonderheit eines Kapitalismus gefunden werden?

Das Verhältnis von Kapital und Lohnarbeit ist ja nicht

nur in den verschiedenen Epochen der bürgerlichen Gesellschaft unterschiedlich organisiert worden. Auch innerhalb einer Epoche entstanden und entstehen im internationalen Vergleich Unterschiede in der Organisationsform von Kapital und Arbeit, aufgrund unterschiedlicher historischer Voraussetzungen, politischer Bedingungen und wirtschaftlicher Möglichkeiten in den verschiedenen Ländern.

So kann man etwa ganz allgemein sagen, daß mit der Herausbildung des »monopolistischen« Kapitalismus die zunehmende Organisierung der gesellschaftlichen Klassenstruktur und des Klassenwiderspruchs von Kapital und Arbeit in institutionalisierten und bürokratischen Formen eng verbunden ist, daß im besonderen diese Entwicklung sich allerdings verschieden weit fortgeschritten zeigt.

Die Tendenz dieser Entwicklung ist allerdings überall die gleiche: Sie zielt auf eine konfliktminimierende Zusammenarbeit der Interessenorganisationen der Unternehmer und der Lohn- und Gehaltabhängigen, um das dem Klassencharakter der Gesellschaft innewohnende Konfliktpotential zum »Klassenkampf am grünen Tisch« zu sublimieren und auf dem Verhandlungsweg beizulegen. Die schließliche Aufhebung der gesellschaftlichen Antagonismen in einer harmoniestiftenden Konstruktion, die aber die Konfliktursache Privateigentum an Kapital nicht aufhebt, ist – zu einem System ausgeformt, das die überwältigende Mehrheit der Bevölkerung zumindest durch Duldung legitimiert – die konkrete bürgerliche Gegenutopie zur »klassenlosen Gesellschaft«, also das der bürgerlichen Gesellschaft nachgerade innewohnende Geschichtsziel.

Diese Entwicklung hat aber in den verschiedenen kapitalistischen Ländern bislang nur sehr rudimentäre Formen angenommen und Institutionen mit bloß punktuellem Tätigkeits- und Einflußbereich herausgebildet (wie etwa den »Sozialökonomischen Rat« in den Niederlanden, den »Conseil Economique et Social« in Frankreich, »National

Economic Development Council« und »National Board for Prices and Incomes« in England, »Le conseil central de l'économique« und die »commission des prix« in Belgien; entsprechende Versuche waren auch die »konzertierte Aktion« in der BRD oder die historischen Bemühungen um einen »historischen Kompromiß« in Italien etc.). In Österreich aber hat sich mit der Sozialpartnerschaft tatsächlich schon ein staatstragendes System mit gesamtgesellschaftlichem Aktionsrahmen herausgebildet, noch dazu mit informellem, nichtöffentlichem Charakter, wodurch die Machtverhältnisse jeder öffentlichen Kontrolle entzogen und nicht mehr der Gefahr einer plötzlichen Verschiebung durch demokratische Prozesse ausgesetzt sind – was ihr gleichermaßen größte Effizienz, Homogenität und Kontinuität verleiht.

Sah Max Weber die Bürokratisierung der organisatorischen Strukturen der Gesellschaft »als Form der Vergesellschaftung von Herrschaftsbeziehungen« als eine »geschichtlich zwingende Tendenz«, für die »die Ausübung von Kontrolle auf der Basis von Wissen, organisiert durch abstrakte Regeln und gerichtet auf maximale Effektivität« kennzeichnend ist, so hat diese allgemein sich durchsetzende Tendenz in Österreich bereits in weitestentwickelter Form gesellschaftliche Gestalt angenommen – eben in jener der Sozialpartnerschaft, deren »Konturen« Rudolf Wimmer folgendermaßen beschreibt: »Interessenverbände, ausgestattet mit hochqualifizierten Bürokratien und einer enormen Informationskapazität, geführt von nach unten hin verselbständigten Eliten, die keinem echten demokratischen Legitimationszwang unterworfen sind, verwalten gemeinsam einen gewichtigen Teil gesellschaftlicher Entwicklung.« Genau das bedeutet eben nach Max Weber »rationalste Form der Herrschaftsausübung«, denn definiert man die Sozialpartnerschaft »funktional«, so dient sie zur

»– Vermeidung bzw. Kanalisierung sozialer Konflikte;

– Festigung der bestehenden Machtverteilung in der Gesellschaft und Vermeidung sämtlicher Veränderungsbestreben in dieser Hinsicht; – Verstärkung und Konzentration politischer Macht, um die sozialen Prozesse jederzeit unter Kontrolle halten zu können« (Dieter Bichelbauer).

Man sieht also, daß sie im Grunde das leistet, was jedwede gesellschaftliche Organisationsform intendiert, jede andere allerdings noch mit geringerer Effektivität.

Es ist wohl evident, daß die Sozialpartnerschaft gemäß der Logik des Kapitals größere »wirtschaftspolitische Rationalität« bedeutet, als wenn die Interessenorganisationen eine Politik der Stärke und Konfrontation betrieben und »die Gefahr besteht«, daß die Konfliktaustragung »sich auf die Straße verlagert«. Streiks und die Auseinandersetzung mit kämpferischen Gewerkschaften bedeuten für die Unternehmerseite längerwierige, schwierigere Verhandlungen, schwerere Koordination mit der Wirtschaftspolitik der Regierung, Produktionsausfall, höhere Lohnkosten.

»Die Friedensfunktion der Sozialpartner hat für Österreich eine derartige Entwicklung, wie sie eine Reihe westeuropäischer Länder aufweist, verhindern können. [...] Eine Analyse der Entwicklung in einer Reihe westlicher, von wirtschaftlichen und politischen Krisen geschüttelter Länder zeigt, daß diese das Problem der industrial relations nicht gelöst haben. Streiks und Aussperrung, ideologische Machtkämpfe in Sachfragen und Verpolitisierung der Wirtschaft werden heute zu schweren Hemmschuhen für Wachstum und allgemeinen Wohlstand. Die innere Stabilität Österreichs, vor allem die natürliche Beilegung der unvermeidlichen Interessenkonflikte, *erweist sich heute international als beachtlicher komparativer Kostenvorteil*«, schrieb etwa Johannes Farnleitner, der auch auf die größere organisatorische Effizienz der Sozialpartnerschaft verweist, die den Handelskammern ermögliche, »auf allen Ebenen der Politik mitzubestimmen.« Diese zwar verdeckte, aber formalisierte Mitbestimmung sei »aus der Sicht der Wirtschaft [...] den Lobbies diverser westlicher Länder vorzuziehen.«

Die Stabilität und Stärke von Herrschaftsverhältnissen zeigt sich vor allem darin, wie sehr die Forderung nach Umverteilung des gesellschaftlichen Reichtums abgewehrt werden kann. Die Sozialpartnerschaft ist wohl die einzige Organisationsform gesellschaftlicher Interessenauseinandersetzung, der es gelungen ist, die Forderung nach Umverteilung beinahe gänzlich aus dem gesellschaftlichen Bewußtsein auszublenden. Das macht doch wirklich verständlich, daß Apologeten der bestehenden (Wirtschafts-) Ordnung der Sozialpartnerschaft in »wirtschaftlich bedeutsamen Fragen größte Effektivität« zuerkennen.

Worin diese »Effektivität« besteht, verdeutlicht Egon Matzner: »Die Konfliktminimierung trug wesentlich zur Produktionssteigerung bei. Eine solche glatte Entwicklung wäre ohne die Institution der Sozialpartnerschaft nicht möglich gewesen. Dies erleichterte wesentlich der sozialpartnerschaftliche Konsens über die *Priorisierung der Wachstums- vor der Verteilungspolitik*. Der Vorrang der Wachstumspolitik ist mit der Zeit so weit gediehen, daß die Verteilungsfrage aus den öffentlichen Diskussionen weitgehend ausgeklammert wurde. Die Kehrseite dieser Entwicklung ist die Verschlechterung der relativen Verteilung von Einkommen und Vermögen zu Lasten der Arbeiter und Angestellten und innerhalb dieser Gruppe zu Lasten der schlechter Entlohnten. Sie ergibt sich aufgrund der wirtschaftlich-gesellschaftlichen Grundtatbestände nahezu zwangsläufig.«

Kräftiges Wachstum, völliges Verdrängen der Umverteilungsfrage, dabei quasi lückenloser sozialer Friede und allseitige Zufriedenheit – schlagender läßt sich wohl nicht beweisen, daß die gegenwärtige Epoche des Kapitalismus in der Sozialpartnerschaft dessen effektivste Organisationsform gefunden hat, daß also Österreich, was ihre Realisierung betrifft, innerhalb der Kapitalismen die absolute Avantgarde darstellt. Dies, daß also das wirtschaftlich »unbedeutende«, »kleine« Österreich durch rationellste Organisation durchaus bedeutend exploitiert werden kann, schrieben Tageszeitungen auf der Wirtschaftsseite gelegentlich in bemerkenswerter Offenheit. So z. B. der *Kurier* vom 17. Oktober 1979 unter dem Titel »Österreichs Wirtschaft ist Weltmeister«: »Österreich kann zur Zeit nicht nur die niedrigste Inflationsrate der ganzen Welt vorweisen, sondern hat sich in den letzten Jahren auch hinsichtlich der Vollbeschäftigung, des Wirtschaftswachstums, der Einkommensverteilung und der Zahlungsbilanz besser bewährt als fast alle anderen Nationen. [...] Hinsichtlich des Wirtschaftswachstums wurde Österreich in den letzten zehn Jahren nur vom Wachstumsspezialisten Japan knapp geschlagen. Österreichs Wirtschaft wuchs pro Jahr um 4 Prozent, jene der EG-Staaten nur um 2 Prozent. [...] Auf der Einkommensseite werde die Exportindustrie durch die *niedrigen Lohnabschlüsse* unterstützt: bei absolut sinkenden Produktionskosten je Einheit seien *kräftige Gewinnzuwächse* zu verzeichnen.«

Im März 1981, als die internationale Wirtschaftslage äußerst angespannt war, verwies die *New York Times* auf das Modelland Österreich, das durch niedrigste Arbeitslosen- und Inflationsrate und durch ein enormes Wirtschaftswachstum »auf einsamer Spitze unter den westlichen Industrienationen« stehe. Die *New York Times* führte dieses Phänomen einsichtig auf die »fast völlige Übereinstimmung bei der Behandlung von Wirtschaftsfragen« in Österreich zurück, die dem Land »die so verletzenden Konfrontationen erspart, von denen die politische Entscheidungsgewalt in den meisten anderen westlichen Nationen betroffen ist.«

Kurz: enormes Wirtschaftswachstum, niedrigste Lohnabschlüsse und erstaunlicherweise gerade deshalb sozialer

Friede. Tatsächlich: welche kapitalistische Organisationsform hat sich jemals besser bewährt?

Wenn also vorhin von der relativen ökonomischen Zurückgebliebenheit Österreichs die Rede war – am radikalsten formulierten das wohl Cheryl Benard und Edith Schlaffer: »Österreich ist ein Entwicklungsland mit einigen modernen Großstädten« –, dann sehen wir jetzt aber, daß dieser ökonomisch relativ schwache Kapitalismus mit der Sozialpartnerschaft die höchstentwickelte und effizienteste Organisationsform besitzt. Damit haben wir das Spezifikum der neueren Entwicklung Österreichs identifiziert, das im wesentlichen in der eigentümlichen Dialektik begründet liegt, daß Österreich von seiner ökonomischen Potenz her Nachzügler, von der Organisationsform her aber die Vorhut der kapitalistischen Länder ist.

Der österreichische Überbau

Die Tatsache, daß die Sozialpartnerschaft in ihrer Entwicklung so weit fortgeschritten ist, daß man sie nachgerade als »eigentliche Regierung« in Österreich bezeichnen kann, hat natürlich weitreichende Konsequenzen auf das öffentliche und allgemeine Bewußtsein, die durch die »ökonomische Bedeutungslosigkeit« Österreichs noch verstärkt werden – ist doch ein kleines Land erstens leichter ideologisch zu vereinheitlichen und zweitens international ökonomisch so relativ unbedeutend exponiert, daß auch internationale Interessenkonflikte nicht zu einem wirklichen Regulativ dieser Prozesse werden können: In Österreich tritt diese ideologische Dimension der Sozialpartnerschaft »in Form einer häufig recht naiven harmonistischen Ideologie besonders stark hervor. Daß im Interesse der vorgetäuschten Harmonie die Thematisierung zahlreicher ernster Probleme in vielen Bereichen verhindert wird, gibt der ohnedies vorhandenen Entpolitisierungstendenz beträchtlichen Auftrieb. Daß die [...] indirekten Auswirkungen der Sozialpartnerschaft beachtlich sind, ist aus guten Gründen anzunehmen.« (Günter Chaloupek / Hannes Svoboda)

Es genügt zunächst, bloß auf die offenkundigsten und nächstliegenden Konsequenzen der Sozialpartnerschaft zu verweisen, um eine erste Vorstellung von ihren Auswirkungen auf den geistigen Überbau Österreichs zu bekommen: Die ökonomische und politische Konfliktregelung ist gänzlich aus der öffentlichen Parteienkonfrontation herausgenommen, die Regierung kann alle schwierigen Situationen in Übereinstimmung mit den großen Interessengruppen des Landes meistern, wodurch es innenpolitisch nie zu nennenswertem Widerstand gegen Regierungsentscheidungen kommt. Alle wesentlichen politischen Entscheidungen werden im harmonischen Gespräch einer informell sich zusammensetzenden Handvoll Männer hinter verschlossenen Türen getroffen, abseits jeglicher demokratischer Kontrolle oder öffentlicher Diskussion. Auf dieser Grundlage gelangen nur noch marginale Auffassungsunterschiede zwischen Politikern (als reduzierte Form des notwendigen Ringens um Wählerstimmen) oder Skandalisierungen von ihrem individuellen Verhalten in den öffentlichen Diskurs, der dann natürlich nicht mehr als politischer, sondern nur noch als moralisierender funktioniert. Es ist daher wohl kaum zu kurz geschlossen, wenn man daraus folgert, daß sich in den Köpfen der Menschen der Eindruck der Schicksalhaftigkeit und Naturbedingtheit der gesellschaftlichen, wirtschaftlichen und politischen Entwicklung herausbilden und immer mehr festigen muß, sowie Harmoniekonzeptionen mit im wesentlichen nichtöffentlichem und nichtdemokratischem Charakter.

Dies geht so weit, daß heute die Sozialpartnerschaft im öffentlichen Bewußtsein (sowohl der breiten Bevölkerung als auch der politischen Eliten) in den von ihr beanspruchten Materien mit dem Anspruch größerer Rationalität auftreten kann, als sie etwa den Parteien zuerkannt wird. In bestimmten Fällen wird sogar in der öffentlichen Diskussion gefordert, die zur Lösung anstehende politische Frage dem »Parteienzank« zu entziehen, um sie so im Schoße der Sozialpartnerschaft einer sachlichen Bereinigung zuzuführen. Da die Struktur der sozialpartnerschaftlichen Konfliktlösung strikt durch das Prinzip der Nichtöffentlichkeit gekennzeichnet ist, wird somit das nichtöffentliche Aushandeln zu einer Form der Legitimitätsbeschaffung. Rationalität wird durch die Entrückung der Macht aus dem Bereich demokratischer Kontrolle sichergestellt. Diesen Sachverhalt pointierend, schrieb Franz Schuh im Rahmen einer Analyse einer neuen Burgtheater-Inszenierung von Raimunds *Der Bauer als Millionär*: »Heute noch sind die Mächtigen Feen, Geschöpfe einer anderen Welt, die gelegentlich die Macht über unsere verlieren, die es aber eigentlich nicht gibt. Es gibt ja weder Kreisky noch Sekanina, sie huschen nur über die Mattscheiben, und in Wirklichkeit hat sie noch keiner gesehen. Was sie, die es nicht gibt, wirklich wollen, ist hinter Verwicklungen verborgen, die niemand versteht.«

Daß dies in Österreich wirklich so erlebt wird, läßt sich auch empirisch belegen: Meinungsumfragen, die den Grad der Akzeptanz des sozialpartnerschaftlichen Systems in der Bevölkerung abtesten sollten, kamen zu dem bemerkenswerten Ergebnis, daß die überwältigende Mehrheit der Österreicher keine Auskunft darüber geben könne, was »Sozialpartnerschaft« konkret sei bzw. wie sie funktioniere – daß aber ebenfalls die große Mehrheit das Wirken der Sozialpartnerschaft als »positiv« oder »sehr positiv« für Österreich einschätze. Das heißt, daß offenbar etwas Entrücktes, das niemand versteht, in Österreich grundsätzlich als Qualität angesehen wird. Als einmal ein sehr kompliziertes Steuergesetz beschlossen wurde, sagte der zuständige Minister in einem Interview: Er selbst verstehe dieses

Gesetz auch nicht! Auf die Frage, warum er es dann beschlossen habe, antwortete er: Das hätten die Sozialpartner so ausgehandelt. Und warum er bei den Verhandlungen nicht seine Einwände geltend gemacht habe? »Ich war bei den Verhandlungen nicht dabei. Die Sozialpartner verhandeln hinter verschlossenen Türen«.

Es ist unerheblich, ob dieser Minister dumm oder zynisch ist, weil er vielleicht nur ein Phantom ist: Drei Tage vor diesem Interview war ein Foto dieses Ministers in einer englischen Zeitung erschienen, mit der Bildlegende, daß es sich um den – portugiesischen Finanzminister handle.

Wenn die gewählte Regierung keine Macht auf die Gesetzgebung, also auf die Konstituierung der Rahmenbedingungen der gesellschaftlichen Realität hat, wenn weiters das Zustandekommen der Gesetze unnachvollziehbar und die Gesetze selbst oftmals unverständlich sind, dann muß die Bevölkerung, die diese Regierung immerhin gewählt hat, sich selbst erst recht als ohnmächtig, die Realität auch individuell als unbeherrschbar empfinden – was ist es nun, das dabei als »positiv« empfunden wird? Wesentlich der Sachverhalt, daß die Gesetze, wer immer sie nun formuliert, ohne Streit, ohne öffentliche Konflikte zustande kommen. Daher auch der Stolz der Österreicher, daß Streiks in diesem Land höchstens in »Streiksekunden« gemessen werden können. Genau dadurch aber wird die Entwirklichung der Realität im allgemeinen Bewußtsein erst verfestigt: Was als sogenannte Harmonie so positiv bewertet wird, blendet den Sachverhalt aus, daß in jeder Gesellschaft grundsätzlich verschiedene, oft gegensätzliche Interessen wirksam sind, die politisch vermittelt und, je nach Kräfteverhältnis, in Kompromissen aufgehoben werden müssen. Keine Gesellschaft kann also in solch einem simplen Sinn wie dem österreichischen wirklich harmonisch sein. Jeder Kompromiß, auch oder gerade dann, wenn er Teile zugunsten anderer übervorteilt, ist grundsätzlich Ergebnis eines Konflikts und kann daher immer nur ein vorläufiger sein. Immer wieder produzieren die Konflikte unter sich wandelnden Kräfteverhältnissen neue Kompromisse, neue Synthesen der Widersprüche, denen die Interessengruppen zustimmen oder zustimmen müssen.

Widersprüchliche Interessen und jede Menge Konfliktursachen gibt es natürlich auch in Österreich – allerdings ist dies hier nicht mehr sichtbar. Der Kompromiß erscheint in Österreich nicht als Folge eines Konflikts, sondern als ein Apriori, das in der Folge Konflikte erspart.

Die Widersprüche sind deshalb aber natürlich nicht ausgeräumt – allerdings erscheinen in dieser »harmonistischen Irre« (Klaus Hoffer) die konkreten, oft widersprüchlichen Interessen der einzelnen nur noch als Idiosynkrasien, weshalb sich für das allgemeine und individuelle Bewußtsein die gesellschaftliche Totalität immer auch als radikal zersplittert darstellt, als unendliche, zusammenhanglose Ansammlung von beliebigen, höchst privaten Absichten, Vorstellungen, Sehweisen.

Das sozialpartnerschaftliche System produziert also gleich doppelt einen falschen Anschein der gesellschaftlichen Realität: Es produziert den Schein einer harmonischen Geschlossenheit, wobei die wirklichen gesellschaftlichen Interessengegensätze und Konflikte ausgeblendet werden, und es produziert den Schein einer gesellschaftlichen Zersplitterung, wobei das Zustandekommen des gesellschaftlichen Zusammenhangs völlig im Dunklen bleibt. Auf eine komplex vermittelte Weise wirken sich diese Bewußtseinsformen auch auf die österreichische Literatur aus bzw. auf das literarische Leben insgesamt, wie noch gezeigt werden soll. Man kann in diesem Zusammenhang von einer »sozialpartnerschaftlichen Ästhetik« sprechen, und diese ist der erste materiell wirklich nachweisbare Austriazismus der österreichischen Literatur seit dem »habsburgischen Mythos«.

Dieser Satz ist kein Aphorismus, er verweist tatsächlich auf einen Traditionszusammenhang, der im »Geist« – im Sinne Max Webers – des österreichischen Katholizismus begründet ist. In Österreich, das über Jahrhunderte ein Zentrum des politischen Katholizismus war, haben nicht nur die Ideen der katholischen Soziallehre, sondern auch die institutionalisierten Riten des Katholizismus einen prägenden Einfluß auf die gesellschaftliche Entwicklung ausgeübt. Gesellschaften, die sich auch politisch wesentlich über ihr katholisches Selbstverständnis definieren, unterscheiden sich von protestantischen Gesellschaften, wie etwa der deutschen, vor allem durch die Konsequenzen, die die ritualisierte Beichte auf die Herausbildung der gesellschaftlichen Diskursformen hat. Im Beichtverhältnis geht die Macht von dem, der etwas zu sagen hat, auf den Zuhörenden über, der nun die Möglichkeit hat, Befehle auszusprechen und die Absolution zu erteilen, also eine Harmonie herzustellen, die ein Geschenk der Allmacht ist.

Ist die Form der Ohrenbeichte und die regelmäßige Erfahrung mit ihr nun mitkonstitutiv für die Entwicklung des gesellschaftlichen Diskurses, so erhalten die Repräsentanten des gesellschaftlichen Widerspruchs, in dem Maß, wie sie gesellschaftliche Machtpositionen institutionell einnehmen und sich zu verständigen suchen, zunehmend über Mitwisserschaft vermittelte Macht, dadurch aber nur Macht miteinander. Diese Vermittlung scheint erlösende Wirkung auf die Konflikte des wirklichen Lebens zu haben und ist den realen Gegebenheiten gleichzeitig völlig entrückt: Widersprüche werden gleichsam transzendiert, in der Realität aber nicht angetastet. Die daraus resultierende allgemeine mentale Haltung gilt, etwa wie sie schon Hermann Broch in *Hofmannsthal und seine Zeit* exemplarisch formulierte, daher zu Recht als spezifisch österreichisch: »Der Kutscher hat die Allüren des Grafen und der Graf die des Kutschers«.

Sozialwissenschaftliche Untersuchungen haben ergeben, daß die heutigen Sozialpartner, formal die Vertreter gegensätzlicher gesellschaftlicher Interessen, sich jeweils viel stärker mit den Vertretern des gesellschaftlichen Widerspruchs identifizieren, als mit denen, die sie vertreten. »Daß die Funktionäre der Sozialpartnerschaft Informationen akkumulieren und austauschen können, die nie in die öffentliche Debatte dringen, und daß ihre Verhandlungen abseits jeglicher öffentlicher Kontrolle stattfinden, hat zweifellos dazu geführt, daß sie mit ihren Verhandlungspartnern mehr verbindet, als mit jenen, die sie vertreten. Der Kompromiß, den jede Verhandlung zum Ziel hat, ist daher im Selbstverständnis der Sozialpartner immer schon vorgegeben.« (Peter Gerlich).

Die Entwicklung des österreichischen Literaturbetriebes und seine Strukturierung im Geiste der Sozialpartnerschaft

a) Der monolithische Literaturbetrieb des Wiederaufbaus

Mitte der fünfziger Jahre wurden in Österreich die Konturen eines offiziösen Literaturbetriebes wieder sichtbar. 1955 brachte der Staatsvertrag die politische Selbständigkeit Österreichs und damit auch seine wirtschaftliche Unabhängigkeit. Wenn sich daraus auch zunächst beträchtliche wirtschaftliche Lasten ergaben, so war doch zu dieser Zeit die Periode der unmittelbaren Mühen des Wiederaufbaus, der ersten Konsolidierung und Stabilisierung der österreichischen Wirtschaft abgeschlossen, die erste Periode der Hochkonjunktur hatte schon – etwa 1953 – eingesetzt.

Das literarische Leben befindet sich bekanntlich – aus mancherlei Gründen – niemals ganz auf der Höhe der Zeit. Es setzt sich aus retardierenden und antizipativen Momenten zusammen, deren Verhältnis zueinander als auch zur gesamtgesellschaftlichen Entwicklung ihre eigentümliche Gestalt bedingt.

So läßt sich vom »Wiederaufbau des Literaturbetriebes« tatsächlich erst so recht reden, als der wirtschaftliche schon getätigt war. Sicherlich hatte es auch schon sofort in den ersten Nachkriegsjahren Ansätze eines literarischen Lebens gegeben – allerdings bestenfalls nur in Form heroischer Einzelleistungen, wie etwa Otto Basils *Plan*, eine Zeitschrift, die sich wohl nur retrospektiv und in einem sehr engen Betrachtungsfeld als »repräsentativ« für die österreichische Nachkriegszeit bezeichnen läßt.

Umfassend gesehen war aber diese Zeit, wenn man es idealistisch ausdrücken will, eine Zeit verpaßter literarischer, verlegerischer und kulturpolitischer Möglichkeiten. Richard Beer-Hoffmann, Robert Musil, Franz Werfel waren im Exil gestorben, Hermann Broch, Elias Canetti, Johannes Urzidil, Albert Ehrenstein, Erich Fried u. a. aus den USA oder England nicht mehr zurückgekehrt; deren »dichterische Kraft«, wie es so schön hieß, blieb also »der Heimat vorenthalten«.

Was sich in Österreich in Position brachte, waren die »Übriggebliebenen«, die durch den Vorwurf, daß ihr gemeinsames Merkmal die »Mittelmäßigkeit« sei (Milo Dor), nachgerade verniedlicht wurden.

So galt z. B. Alexander Lernet-Holenia als »Grandseigneur der österreichischen Literatur«, so unangefochten, daß Hans Weigel 1948 sagte: »Die österreichische Literatur besteht derzeit aus zwei Autoren, aus dem Lernet und dem Holenia.« Seine Legitimation bezog er im wesentlichen daraus, daß er als Symbol für eine »österreichische Kontinuität« taugte – hatte er doch den Kaiser nicht nur »noch gesehen«, sondern soll sogar, nach einem bezeichnenden Gerücht, ein illegitimer Sohn von ihm gewesen sein; und auch als Antifaschist konnte er gelten, vor allem durch seinen

1940 vorabgedruckten und dann verbotenen Roman *Mars im Widder*, der als »edel verschlüsselte Absage an Hitler« interpretiert wurde. Daß der »Antifaschismus« Lernet-Holenias, der zumindest noch 1942 Mitglied der Reichsschrifttum-Kammer war, lediglich in der aristokratischen Verachtung des »lauten Polterers« Hitler bestand, hat im Nachkriegsösterreich, das er mit entwaffnender Geistlosigkeit »viertes Reich« nannte, weiters niemanden beschäftigt. Bevorzugt publizierte er im *Turm*, wo er unwidersprochen einen seltsamen aristokratischen Konservatismus proklamierte, dem man nicht einmal mehr Adel des Geistes konzedieren kann: »In der Tat brauchen wir nur dort fortzusetzen, wo uns die Träume eines Irren unterbrochen haben« – im Ständestaat?

Herausgegeben wurde der *Turm* von einer »österreichischen Kulturvereinigung«, deren Präsident Dr. Hans Pernter war, Unterrichtsminister in der austrofaschistischen Ära – und nach dem Krieg Mitbegründer der ÖVP und schließlich wieder Unterrichtsminister.

Ein weiterer »Repräsentant« der Zeitschrift Pernters, und als »anerkannte Person des künstlerischen Lebens« (Hilde Spiel) ein kulturpolitischer Macher der Nachkriegszeit, war Rudolf Henz, der 1936/37 Geschäftsführer des Kulturwerkes »Neues Leben« der Vaterländischen Front (der Einheitskulturorganisation des Austrofaschismus und Pendant zu Hitlers »Kraft durch Freude«) war und dafür auch das goldene Ehrenzeichen der Vaterländischen Front bekommen hatte. Sein »Dollfußlied« wurde damals vom Unterrichtsministerium – Dr. Hans Pernter! – für den Gebrauch an den Schulen empfohlen (»Wir Jungen steh'n bereit / mit Dollfuß in die neue Zeit«).

Nach dem Krieg wurde er Vorstandsmitglied des »Verbandes demokratischer Schriftsteller und Journalisten Österreichs«, des heutigen Schriftstellerverbandes. Chef des Verbandes war Edwin Rollett, für dessen untadelig antifaschistische Haltung Henz in seiner Autobiographie nur einige spitze Bemerkungen übrig hatte. Tatsächlich gelang es Henz, der ebenfalls im Mitgliedsverzeichnis der Reichsschrifttum-Kammer von 1942 aufscheint, woran er sich später nicht mehr erinnern konnte, die antifaschistische Politik Rolletts in einigen Punkten zu durchlöchern. So verweigerte Rollett z. B. dem »Leibdichter des braunen Regimes« Max Mell die Mitgliedschaft im Verband, auf Betreiben von Henz wurde Mell aber schließlich doch aufgenommen. Man kann die damalige Bedeutung Henz', die von ihm repräsentierte Kontinuität vom Austrofaschismus in die Zweite Republik, kaum überschätzen: vor dem Krieg Chef der Ravag, gelang es ihm, nach dem Krieg wieder Programmchef des Rundfunks zu werden.

Die hier angeführten Beispiele sollen den Zusammenhang nur andeuten, in dem man die vergebenen und verpaßten Chancen und Möglichkeiten sehen muß, die der sogenannte Neubeginn geboten hätte. Es gab Figuren wie Lernet-Holenia und Henz, aber weit und breit keine adäquate literarische Aufarbeitung von Faschismus und Krieg, oder wie Gerhard Fritsch schrieb: »Österreich hat keinen Borchert und keine Gruppe 47 hervorgebracht.« Aber nicht nur keine Dichter mit Profil, sondern auch keinen mit Dichtung sich profilierenden Verlag: zwar sind natürlich auch in Österreich nach dem Krieg eine ganze Reihe von Verlagen gegründet worden, »es erschienen eine Menge Bücher, aber« – so Fritsch – »der Dilettantismus feierte dabei nicht nur einen traurigen Triumph.« In mehr als einem Dutzend österreichischer Verlage erschienen Roman um Roman – eine Situation, die sich später nie mehr wiederholen sollte –, allerdings eben Werke, die sowohl einzeln betrachtet, erst recht aber im Kontext der weiteren Entwicklung der Literatur in Österreich völlig unerheblich und bedeutungslos waren: wie die literarischen Eskapismen der Nazisympathisanten Bruno Brehm, Gertrud Fussenegger, Mirko Jelusich oder der vielen anderen, die sich auf Kinderbücher, Tierbücher und historische Romane verlegten. Zudem ging auch noch eine Flut nazistischer Memoirenliteratur in Österreich hoch.

Bald darauf begann das Massensterben der österreichischen Buchfirmen. Die meisten schafften schon nicht mehr die Hürde der Währungsreform vom Dezember 1947, die aber auch für die meisten Zeitschriften, so auch den *Plan* (im Frühjahr 1948), das Ende bedeutete.

Ist der *Plan* Otto Basils zwar vergleichsweise ein Lichtblick gewesen, so war doch auch er für den Aufbau des österreichischen Literaturbetriebes eher bedeutungslos. Relevante Dichter, deren Entdeckung man ihm zuschreiben könnte, waren schon auf dem Weg ins Ausland: Paul Celan ging nach Frankreich, Ilse Aichinger nach Deutschland. So läßt sich also konstatieren, daß die Jahre nach 1945 von einem »bedeutungslosen Literaturbetrieb« (Gerhard Fritsch) oder präziser: vom »Fehlen eines vollorganisierten Literaturbetriebes gekennzeichnet« (Paul Kruntorad) sind. Nach 1950 begannen die Medien plötzlich von einer »allgemeinen Kulturpleite« zu sprechen und »das Vorhandensein oder Nichtvorhandensein einer jungen österreichischen Literatur zu diskutieren.«

Der aus Prag stammende, heute in den USA lebende Germanist Peter Demetz, der die Nachkriegszeit in Wien verbrachte, führte diese »Kulturpleite« auf die politische Situation in Österreich zurück, auf die Koalitionsregierung und das Proporzsystem, die ein muffiges geistiges Klima und intellektuelle Abstumpfung des öffentlichen Bewußtseins bewirkt hätten. Durch die politische Kooperation der beiden großen gesellschaftlichen Lager sei das Parlament seiner Funktion beraubt, »Dialektik und Kritik durch Gemeinplätze« ersetzt worden, »die Dumpfheit der Tageszeitungen« spiegelte das daraus resultierende dumpfe intellektuelle Klima wider und setzte es dadurch auch erst so recht fest.

Unbestreitbar hat dieser Zusammenhang etwas Wahres, gewiß aber nur in viel komplizierterer, komplexen vermittelter Weise. Denn die große Koalition existierte noch bis in eine Zeit fort, in der von einer kulturellen bzw. literarischen »Pleite« in diesem Sinn keine Rede mehr war und auch kaum mehr sein konnte, es wurden also in der Zeit der großen Koalition zumindest auch die strukturellen Voraussetzungen für den späteren eigentümlichen Höhenflug der österreichischen Literatur geschaffen. Das wird auch unmittelbar deutlich, wenn wir die gesellschaftlichen Bewegungen und Strukturveränderungen betrachten, die sich gleichsam im Schatten der starren und so immobil erscheinenden großkoalitionären Verhältnisse damals ereigneten. Die politische und wirtschaftliche Zusammenarbeit hatte sich – aus der Sicht der Wirtschafts- und Gewerkschaftsspitzen – zwar bewährt, ein ruhiges soziales Klima und ein niedriges Lohnniveau (Lohn-Preis-Abkommen!) hatten eine rasche Rekonsolidierung und schließlich einen kontinuierlichen Aufschwung der Wirtschaft ermöglicht; gerade nach dem Staatsvertrag aber drohte die Stabilisierung durch heftige Kämpfe um das Sozialprodukt gefährdet zu werden. Immerhin schnellte 1956, dem ersten Jahr der vollen Selbständigkeit Österreichs – als der Zeitpunkt gekommen schien, in dem die Früchte des Konjunkturaufschwunges geerntet werden konnten –, die Anzahl der Streikstunden auf das Dreifache gegenüber den vorhergehenden Jahren hinauf, und es kam zu den stärksten Lohn- und Gehaltserhöhungen in der Privatwirtschaft seit 1945.

Um die Wirtschaftspolitik besser zu koordinieren und »die Lohn- und Preisentwicklung in Zusammenarbeit mit den großen Wirtschaftsverbänden unter Kontrolle zu halten«, ventilierte Johann Böhm, Präsident des Österreichischen Gewerkschaftsbundes, gleich 1956 »die Schaffung einer gemeinsamen Institution, der Kammern und des ÖGB zur Behandlung von Wirtschafts- und Sozialfragen«.

Von der Regierung akzeptiert, gelang 1957, als ganz Europa eine inflationistische Welle drohte, eine diesbezügliche Vereinbarung des ÖGB mit der Bundeswirtschaftskammer – die »Paritätische Kommission« war geschaffen. Ihre Wirksamkeit wurde vorerst mit Ende des Jahres 1957 begrenzt. Am Ende des Jahres war aber aufgrund der Erfolge von einer Einstellung keine Rede mehr.

Das war wohl die Geburtsstunde des spezifisch österreichischen Systems der »Sozialpartnerschaft«. Doch die vergleichsweise plumpe Kooperation der beiden Lager in Form einer Koalition der beiden großen politischen Parteien konnte sie umfassend erst ablösen, als ihre Tätigkeit ausgeweitet, ihr System eingespielt und ihre Autorität gestärkt war. Retrospektiv kann man sagen, daß die große Koalition in den folgenden Jahren im wesentlichen die Aufgabe hatte, jene demokratische Meinungsbildung auszulösen, die zu einer allgemeinen Zustimmung zur Sozialpartnerschaft als der eigentlichen Regierung führen sollte. Die große Koalition ist als Kooperationsmodell nicht zuletzt deshalb plumper, weil sie nicht in dem Ausmaß, in dem die Kooperation sich intensiviert, im öffentlichen Bewußtsein den Eindruck der Rationalität verstärken kann, sondern im Gegenteil, je besser dieses System gemäß seiner inneren Logik funktioniert, immer stärker der Eindruck der Willkür aufkommt und damit wieder das Bedürfnis nach einer großen Oppositionspartei und nach Kontrolle. Der Hauptvorwurf, zu dem die große Koalition, das Proporzsystem, immer eindringlicher herausforderte, bestand ja bekanntlich in dem der »Packelei«. Die Sozialpartnerschaft hingegen vollzieht die Kooperation nicht vordergründig auf der Parteienebene, ermöglicht daher das formale Spiel von Differenzen zwischen Regierung und Opposition, also den Anschein einer politischen Kontrolle, und vor diesem Hintergrund bzw. hinter diesem Vordergrund kann sie dann mit dem Anspruch größerer Rationalität auftreten, die die anstehenden Probleme

»dem Parteienzank entzieht« und »einer sachlichen Lösung zuführt«. Während also die Kooperation auf der Ebene der Parteienkoalition zunehmend den Eindruck von Willkür und Packelei hervorruft, produzieren die hinter den Parteien kooperierenden Sozialpartner, auch wenn ihre Spitzenfunktionäre mit den Spitzenfunktionären der Parteien identisch sind, den stetig steigenden Eindruck von Rationalität und Sachlichkeit. Bis sich dieser Eindruck im öffentlichen Bewußtsein allgemein durchgesetzt hatte – bis 1966 also, als die absolute Mehrheit der Wähler im Vertrauen auf die hintergründige gegen die vordergründige Packelei stimmte –, mußte die große Koalition weiterbestehen. Ihr prägender Einfluß auf das geistige Klima ist gewiß unbestritten, doch ist es beim besten Unwillen schwer möglich, dieses ausschließlich als »elende Atmosphäre« zu bezeichnen, wie es Oswald Wiener retrospektiv tat, eine Atmosphäre, in der die »korruption großen stils das längst gestorbene kulturleben einen nicht enden wollenden zombietanz tun liess«.

Schließlich müssen doch, wie gesagt, in diesen Jahren auch die Voraussetzungen für den späteren Höhenflug der österreichischen Literatur geschaffen und also ebenso von diesem Klima prägend beeinflußt worden sein bzw. müssen diesem entsprochen haben. Betrachtet man die Art und Weise, wie sich der österreichische Literaturbetrieb konsolidierte, die Gestalt, die er annahm, die Interessen, die er repräsentierte, und das spezifische Verhältnis von Offiziösität und Protest, wird dies ohne weiteres deutlich.

Wir haben schon oben gesagt, daß in diesen Jahren, ansatzweise etwa seit 1951, deutlicher und umfassender nach dem Staatsvertrag 1955, die Konturen eines offiziösen Literaturbetriebes in Österreich wieder sichtbar wurden. Der Unmut der Medien über die »kulturelle (bzw. literarische) Pleite« Anfang der fünfziger Jahre verweist aber schon auf die Umkehr dieses so simpel konstatierten Sachverhaltes:

Denn das plötzlich entstehende Bewußtsein davon und die Kritik daran signalisieren ja auch, daß wieder ein Interesse an einer repräsentableren Literatur entstanden ist, daß neue Voraussetzungen sich herauszubilden begonnen haben.

Tatsächlich wurden erst in diesen Jahren die Grundlagen für den effektiven Wiederaufbau des Literaturbetriebes geschaffen. Umfassende gesellschaftliche Interessen begannen nicht unbedingt direkten, aber doch verstärkten und deutlichen Einfluß auf das künstlerische Leben zu nehmen, wollte die beginnende Prosperität sich doch ornamentativer Ausgestaltung und die mit dem Staatsvertrag einsetzende massive Restauration ideologischer Aufrüstung versichern. Erste größere Summen flossen in die Bereiche der Kunstproduktion. 1954 beschloß das Parlament erstmals einen eigenen Budgetposten »für die Bedürfnisse von Wissenschaft und Kunst«: 150 Millionen Schilling. Es wurden auch die ersten Förderungspreise für Literatur eingerichtet: Unterrichtsministerium 1950, Förderungspreis der Stadt Wien 1951, Adalbert-Stifter-Medaille 1955, Preis der Theodor-Körner-Stiftung 1955 usw. Es ist klar, daß die staatliche Repräsentationskunst am raschesten wieder aufgebaut und konsolidiert war, Burg und Oper etwa wurden 1955 wiedereröffnet.

1955 aber erschien auch die »erste offizielle« Literaturzeitschrift in Österreich. *Wort in der Zeit*, herausgegeben von Rudolf Henz. Sein Geleitwort zur ersten Nummer zeigt sehr aufschlußreich, wie sich die Bedürfnisse und Interessen im Hinblick auf die Restaurierung der Institution Literatur in Österreich artikulierten: Er bezog sich auf einen Vortrag Friedrich Sieburgs in Wien, »der die mangelnde Präsenz der Österreicher im deutschen Kulturraum beklagte« und mit den Worten begonnen hatte: »Meine Herren, ich sehe Sie nicht, ich kenne Ihr Gesicht nicht.« Henz: »Dieses Gesicht zu zeichnen ist unsere Aufgabe.

Wie soll auch der Nachbar es kennen, wenn wir es verhüllen.«

Es sollte daher das literarische Besitztum Österreichs vorgestellt, aber auch verhindert werden, daß »das fremdsprachige Ausland die literarischen Zusammenhänge zwischen dem alten und dem neuen Österreich nicht begreift, und etwa Rainer Maria Rilke und Franz Kafka zu Tschechoslowaken oder Ödön von Horváth zu einem Ungarn stempelt.« Die vom Staat eifrig geförderte Besinnung auf Österreich hatte auch die Literatur erfaßt. Es war nicht ein irgendwie breiter gewordenes Interesse an Literatur, es war ein wiedererwachtes grundsätzliches gesellschaftliches Interesse an Literatur, das die Literaten mobilisierte und es ihnen ermöglichte, ihr »Gesicht zu zeichnen«: Der neue Staat wollte eben auch literarisch »ein Gesicht haben«, wollte zeigen, daß er sozusagen auch kulturell lebensfähig, »auch in literarischer Hinsicht autark sein konnte« (Schmidt-Dengler).

Die Rekonstruktion und noble Präsentation eines literarischen Lebens in Österreich – etwa durch die großzügig subventionierte Abhaltung des Internationalen PEN-Kongresses 1955 in Wien – sollte das Seine zu einem ausbalancierten Staatsbewußtsein beitragen, das die junge Republik sich nach dem Staatsvertrag zu schaffen bemühte, nicht zuletzt aufgrund der Erfahrungen mit der Ersten Republik, die durch ihren Mangel an Selbstbewußtsein so krisenanfällig gewesen war.

Symptomatisch die Namen der geförderten literarischen Reihen, die in Österreich nun verlegt wurden: *Das österreichische Wort, Neue Dichtung aus Österreich* und die *Österreich-Reihe* sollten das literarische Nationalvermögen versammeln. Bezeichnend auch für diese Forcierung der österreichischen Tradition, daß nach längeren Debatten das Wiener Burgtheater nicht mit Goethes *Egmont*, sondern mit Grillparzers *König Ottokars Glück und Ende* wiedereröffnet worden war.

Aus der Polemik Lernet-Holenias gegen »ausländische Moden«, wie etwa »Prosa hinzuschreiben und sie, ohne ihrer natürlichen Rhythmen zu achten, in Verszeilen abzuteilen, wo's einem gerade einfällt. Dergleichen haben die Engländer und Amerikaner eingeführt, weil sie weder Gefühle für den Rhythmus zu haben brauchen, den ihre Sprache ohnedies nicht hat, noch sich die Zeit nehmen, nach Reimen zu suchen«, spricht geradezu das Bedürfnis, auch literarisch nicht länger »besetzt« zu sein.

Man wollte also wieder eine eigene, eine österreichische Literatur besitzen, und diese sollte sich eben durch eine Verwurzeltheit im Österreichischen ausweisen können, was den Blick naturgemäß in die Vergangenheit, ins »alte Österreich« wendete. Die »alten Herren«, die schon apostrophierten »Übriggebliebenen« vermehrt um einige »Heimkehrer« – im wiedergegründeten PEN-Club geradezu einen »Eliteclub« bildend –, die ihren Kaiser, zumindest aber ihren Kraus noch gesehen hatten und sich so zu den Erben, Nachlaßverwaltern und Weiterführern der österreichischen Tradition selbst ernennen konnten, übten das Interpretationsmonopol der offiziösen Literatur aus.

Der Konservatismus, der davon ausging, daß »die offiziöse Literatur auf das Programm festgelegt wurde, eine Staatsmythologie zu zeugen, die aus lauter Retrospektiven besteht« (Friedrich Geyrhofer), korrespondierte prächtig mit der nach dem Staatsvertrag einsetzenden harten Restaurationsphase und der Ideologie des Kalten Krieges, die auch in Österreich politisch das geistige Klima bestimmte. Man denke in diesem Zusammenhang an den Brecht-Boykott, an die Machenschaften rund um die Schließung des Scala-Theaters, an die Ausbootung sogenannter »Kommunistenfreunde« im PEN, etc.

Von dieser Konvenienz her läßt sich sicherlich ab diesem Zeitpunkt wieder von einer »österreichischen Literatur« sprechen, insofern als man wieder eine zu haben glaubte, mit der man »Staat machen« könne, wie es bezeichnenderweise immer wieder hieß, eine förderliche also und daher auch geförderte. Wenn auch vorgeworfen wurde, daß bei der offiziellen Förderung, die jetzt immer ausgiebiger betrieben wurde, in Proporzbegriffen gedacht wurde, so gab es doch damals de facto zunächst keine ideologisch und etwa daraus folgend ästhetisch gegensätzlichen Gruppen, die zwecks Wiederaufbau des Literaturbetriebes koalierten. Wenn man von einem literarischen Proporzsystem – im weitesten Sinne – sprechen will, dann höchstens von einem der Generationen: »Jene Spaltung der österreichischen Literatur in ein traditionelles und ein experimentelles Lager, die in den siebziger Jahren zu offenem Bruch und deklarierter Zwietracht führte, war [...] noch nicht vorauszusehen. Schriftsteller, die sich zwei Dekaden später spinnefeind gegenüberstanden, lebten damals friedlich mit- oder nebeneinander, die Jungen von den Älteren entweder unterstützt und ermuntert oder toleriert, schlimmstenfalls ignoriert; Nachwuchsautoren verschiedenster Kunstauffassung waren ohne Widerspruch in den Spalten der Zeitschriften und Anthologien vereint« (Hilde Spiel).

Ein voll ausformulierter Literaturbetrieb ist eben noch nicht gegeben mit einer Handvoll »alter Herren«, die einen solchen vielleicht repräsentieren mögen, sie bedürfen auch der »Jungen«, der »Nachwuchsautoren«.

Mit der »ursprünglichen Akkumulation« eines Grundstocks junger Autoren hatte man schon unmittelbar nach Wiedergründung des PEN-Clubs (1948) durch eine »Nachwuchsaktion« zu beginnen versucht, aber erst unter den von uns hier skizzierten Voraussetzungen wurden sie umfassend »gesammelt«: »Präzeptoren und Tutoren« wie Hans Weigel, Hermann Hakel, Albert Paris Gütersloh, Rudolf Felmayer u. a. bildeten Gruppen, in denen sie die »Jüngeren« um sich versammelten, um deren »Leitbild« zu werden bzw. deren »Manager«. In dieser Zeit erschienen Sammlungen und Anthologien, die eine Bestandsaufnahme der neu aufgetauchten Autoren möglich machen sollten. 1950 publizierte z. B. Rudolf Felmayer die Lyrikanthologie *Tür an Tür*, im selben Jahr stellte Hans Weigel, der bereits im Jungbrunnenverlag die Taschenbuchreihe *Junge österreichische Autoren* herausgab, den ersten seiner Sammelbände *Stimmen der Gegenwart* zusammen, die von 1951 bis 1956 erschienen.

Während sich in der BRD schon sehr bald (etwa mit der Gruppe 47) »ein konfliktgeladener scharfer Gegensatz zwischen einer jungen Schriftstellergeneration und der älteren bzw. alten Generation derer herausbildete, die nun darangingen, die Bundesrepublik politisch, wirtschaftlich und geistig zu formieren, bietet die österreichische Literatur bis weit in die fünfziger Jahre hinein das Bild eines nicht grundsätzlich gestörten Neben- und Miteinanders der verschiedenen Schriftstellergenerationen« (Weiss).

Das nennen wir eben einen »monolithischen Literaturbetrieb«, wiederaufgerichtet als ein Klotz ohne die Risse oder Sprünge gegensätzlicher bzw. unterschiedlicher politischer oder ästhetischer Konzeptionen, »die Widersprüche der Literatur in Österreich bis in die sechziger Jahre hinauf« sind, so Kruntorad, »beschränkt geblieben auf Wertungsfragen und Diskrepanzen innerhalb einer Mitteilungsbereitschaft, die in sich selbst und in ihren Verfahren von beiden Enden her unbezweifelt blieb. Es gab keinen Streit über die Spielregeln des Betriebes, höchstens über Möglichkeiten des Zuganges zu ihm. Es gab auch keine Auseinandersetzungen über die Tauglichkeit des Verfahrens, das Vertrauen darauf war fast blind.«

Das Fehlen sogar von Generationskonflikten hat nicht nur mit dem damals in Österreich herrschenden Einverständnis zu tun, daß Wiederaufbau nur als Zusammenfassung aller Kräfte unter Hintanstellung des Trennenden vorstellbar sei – tatsächlich hatten ja schon wegen des kalten

Krieges brutale Ausgrenzungskampagnen eingesetzt –, sondern sicherlich auch mit dem eigentümlichen Verständnis von Tradition, auf das man sich kultur- und staatspolitisch eingeschworen hatte. Und tatsächlich sah der wiederaufgebaute Geistesbetrieb in Österreich, bzw. in Wien, was damals dasselbe war, in gewisser Hinsicht wieder so aus, wie schon von Robert Musil beschrieben: »Der Geist dieser Stadt [ist] in der Macht von Anpassungsfähigen, welche in irgendeinem Punkte alle feine und begabte Menschen sind, aber es freiwillig übernommen haben, volle Begabung nicht aufkommen zu lassen. Deshalb sind sie gezwungen, den ungeheuren Vorrat von Größen aller Art, der in einer Stadt der großen Erinnerungen an den Mann gebracht werden muß, ebenso wie die mannigfachen Vorteile, die es da gibt, unter sich aufzuteilen, und der Wiener Parnaß gleicht durch diesen Umstand jenen Negerrepubliken, welche Präsidenten, Staatskarossen, Palmenfräcke und eine Akademie früher haben als eine Schrift. In solcher Umgebung wird man ein großer Mann, indem man sich dorthin stellt, wo große Männer verkehren. Man hebt ihnen die Asche auf, wenn sie rauchen, und eines Tages steht man selbst mit der großen Zigarre da, auf die gebeugten Rücken Jüngerer herabblikkend.«

Wo es keine sichtbaren Zwischenräume mehr gibt, erscheint alles wie aus einem Guß, ein Block, monolithisch. »Es ist symptomatisch dafür«, schreibt Walter Weiss, »wie der fast siebzigjährige Heimito von Doderer für die avantgardistische Wiener Gruppe eintrat.«

Doderer, der in den unmittelbaren Nachkriegsjahren wegen seiner NSDAP-Mitgliedschaft Veröffentlichungsverbot gehabt hatte, war in den fünfziger Jahren kometenhaft aufgestiegen und wurde zum idealtypischen Repräsentanten der neuen österreichischen Literatur: ein großer, anspruchsvoller, politischer Romancier, ein Genie aber der politischen Balance und Harmonisierung, verankert im alten Österreich, zugleich auch ein Förderer der Jungen, alles in einem, einer für alle.

Mit den ersten (Skandal-)Erfolgen der Wiener Gruppe (etwa durch die Literarischen Cabarets 1957, '58, '59), war der Wiederaufbau des österreichischen Literaturbetriebes abgeschlossen: Jetzt hatte er auch einen »Untergrund«!

b) Auffächerung und Polarisation der literarischen Szene in Wirtschaftswunder und Krise

Das Auftreten der Wiener Gruppe bedeutete die Vollendung des Wiederaufbaues des österreichischen Literaturbetriebes, weil die offiziöse Literatur nicht zuletzt erst durch die Abgrenzung vom sogenannten »Untergrund« gefaßt werden kann, der »Untergrund« also die offiziöse Literatur nachgerade mitkonstituiert. Zugleich aber bedeutet Vollendung auch das Ende dieser spezifischen Form des Literaturbetriebes, den Anfang des Aufbrechens seines monolithischen Charakters, da die Entwicklung der Wiener Gruppe zeigt, daß die ausformulierten und gesättigten Strukturen des offiziösen Betriebes neue literarische Konzeptionen nicht mehr so ohne weiteres absorbieren konnten, ohne seine Kompaktheit zu gefährden.

Die Wucht dieser neuen literarischen Konzeptionen, die Tatsache, daß sie sich schließlich doch – gegen die Widerstände des literarischen Interpretationsmonopols – durchsetzen konnten, signalisiert, daß ein gesellschaftlicher Wandel eingetreten sein mußte, dem die Praxis der mittlerweile etablierten, repräsentablen österreichischen Autoren alleine nicht mehr entsprach. Tatsächlich wird in den Texten und Aktionen der Wiener Gruppe eine neue Situation reflektiert, nämlich daß jetzt am Markt jederzeit mit ungewohnten und absolut neuen, immer mehr und immer anderen Waren zu rechnen sei, weil das Kapital über den ersten Aufschwung, den es durch den Nachkriegswiederaufbau gewärtigte, hinaus prosperieren mußte. Gerhard Rühm:

»Wiener und ich erklärten alles mögliche für Literatur, schrieben Witze ohne Pointen, Wiener bediente sich des Formularstils, sammelte Aufzählungen, notierte Geschäftsschilder, ich unterlegte meinen Gedichten das Vokabular von Kreuzworträtseln, signierte schriftliche Anschläge, Partezetteln, gebrauchte Löschpapiere usw.«

Die Wahrheit dieser emphatischen Aufzählung, was alles Literatur sein kann, ist die Tatsache, daß jetzt alles Ware sein kann. Sogar Produkte ohne Gebrauchswert wie die Witze ohne Pointen: »Quill, das erste flüssige Waschmittel. Löst sich im Wasser schneller auf, weil es selbst schon flüssig ist.«

Freilich ohne diesen Zusammenhang zu verstehen, beharrten die konservativen Autoren auf jenen Waren, deren Gebrauchswert traditionell ausweisbar ist, und verweigerten die Einübung auf die neuen – Herbert Eisenreich: »Man kann nie genug Schuhe haben: das klingt doch im Grunde sehr viel vertrauenswürdiger als alles, was die Wiener Gruppe über sich selbst zu sagen weiß.«

Tatsächlich hat etwa um die Zeit der Skandalerfolge der Wiener Gruppe die zweite Periode der Hochkonjunktur eingesetzt, die Grundlegung der wirtschaftlichen Stabilität und auch des Selbstbewußtseins der jungen Republik war abgeschlossen; nach einer kleinen Rezession des Jahres 1958, die eine geringere Auswirkung gehabt hatte, als man zuerst befürchtete, kam es zu einer stabilen Hochkonjunktur, die man selbstbewußt als »österreichisches Wirtschaftswunder« auswies, als lokale Version des »deutschen Wirtschaftswunders«. Das Wirtschaftswunder mußte natürlich auch Auswirkungen auf die weitere literarische Entwicklung zeitigen, war doch das Verlagswesen, wie alle anderen Wirtschaftszweige auch, in ununterbrochenem Wachstum und Expansion begriffen. Wolfgang Kudrnofsky versuchte diese Entwicklung mit dem Begriff »Literaturexplosion« zu fassen: In atemberaubender Geschwindigkeit wurde der Markt mit immer mehr Büchern, mit immer mehr literarischen Werken überschwemmt, die Verlage selbst gerieten in einen umfassenden Konzentrationsprozeß, wurden immer weniger, die verbliebenen aber immer größer, immer durchschlagskräftiger, wirtschaftlich immer stärker, wodurch sie die Anzahl der veröffentlichten Titel stetig erhöhen konnten.

Da es aber, wie wir schon festgehalten haben, in Österreich kein nennenswertes Literatur publizierendes Verlagswesen mehr gab, betraf diese Entwicklung natürlich im wesentlichen das bundesdeutsche Verlagswesen, das auf der Suche nach immer neuen Namen in zunehmendem Maße auch Autoren aus Österreich importierte und groß herausbrachte.

Michael Scharang setzte diesen »Export von Kultur- und Kunstproduzenten als rohes Menschenmaterial ins Ausland zur Weiterverarbeitung« in Beziehung zur wirtschaftlichen Situation in Österreich, z. B. zur verstaatlichten Schwerindustrie, »die nach wie vor im Sinn des imperialistischen Marshall-Planes funktioniert und ihre Finalproduktion nicht ausbaut; dies bedeutet Halbfertigprodukte, wenn nicht Rohprodukte fürs Ausland, wo sie fertig verarbeitet werden.«

Das klingt zunächst wie eine mehr oder weniger witzige Analogie, verweist aber tatsächlich auf den einfachen Zusammenhang zwischen der literarischen Entwicklung und der relativen ökonomischen Schwäche Österreichs, die sich im Falle des österreichischen Verlagswesens eben so ausdrückt, daß es – einmal zusammengebrochen – nicht mehr so recht wieder aufleben wollte, daß also expandierende Publikationsmöglichkeiten, literarische Reihen, die neue Autoren in zunehmendem Maße aufnehmen konnten, fehlten. Auch der offiziöse Literaturbetrieb war in seinen Möglichkeiten, junge Autoren durchzusetzen, äußerst schwach und daran auch gar nicht interessiert.

Die überwiegende Mehrzahl der »Jungen«, die die »alten Herren« in der Wiederaufbauphase des Literaturbetriebes um sich geschart hatten, sind heute unbekannt, vergessen oder in ganz anderen Bereichen hauptsächlich tätig geworden. Auch als die Autoren der älteren Generation nach und nach starben, wurden »ihre« Jungen, auf die sie mit großem Gestus gewiesen hatten (was eben auch den monolithischen Charakter des Betriebes ausgemacht hatte), nicht ihre wirklichen Nachfolger und erlangten auch nie deren Integrationskraft. (Der berühmteste Junge, der nie ein »Alter«, sondern im Alter ein vergessener Autor wurde, ist wohl Herbert Eisenreich.) Tatsächlich ging es ja gar nicht um die Jungen, sondern um den Gestus, mit dem auf sie verwiesen wurde, es war eine Legitimationsbewegung, mit der die, die sie ausführten, immer aufs neue nur sich selbst als Leitbilder bestätigten.

Das alles zwang die nachrückenden jungen Autoren zu versuchen, Karriere in der BRD zu machen. Zwar begann Österreich, trotz seiner prinzipiellen wirtschaftlichen Strukturschwächen, zu prosperieren, aber dies führte zu keinen unmittelbaren Verbesserungen der Publikations- und Lebensbedingungen österreichischer Autoren. Das österreichische Verlagswesen wurde vom österreichischen Wirtschaftswunder nicht erfaßt, die Förderungsmittel für Literatur waren im starren Repräsentationsbetrieb der »alten Herren« fix aufgeteilt und wurden nicht erhöht; gleichzeitig verschwanden weitgehend die Feuilletonseiten der österreichischen Tageszeitungen, wenn nicht ganze Zeitungen überhaupt. Wie konnte also just in dieser Zeit jenes große Potential neuer österreichischer Literatur entstehen, die dann über die BRD zu Bedeutung und Anerkennung gelangen sollte? Der Zusammenhang läßt sich deutlicher fassen, wenn wir dieses Phänomen im Kontext der Entwicklung der österreichischen Medien insgesamt untersuchen: Die sechziger Jahre sind von einer radikalen Minimierung der

Bedeutung der Parteienpresse, dem Siegeszug der als »unabhängig« bezeichneten Blätter und einer zunehmenden Zeitungskonzentration gekennzeichnet.

Heinz Fabris: Die »Konzentrationserscheinungen, die sich dabei zum einen an der Verringerung der Anzahl der Zeitungen überhaupt (Zeitungssterben), an der Reduzierung der Anzahl der selbständigen publizistischen Einheiten sowie an der Kooperation zwischen einzelnen Verlagen, in vertikaler Konzentration und vor allem der Auflagenkonzentration zeigen«, weisen Österreich im internationalen Vergleich diesbezüglich einen Spitzenplatz zu. Besonders das Presseimperium von Dichand und Falk eroberte sich einen Marktanteil, der das so legendäre wie berüchtigte Imperium von Axel Springer weit in den Schatten stellte.

Dieser Siegeszug der »unabhängigen« Boulevardzeitungen – allein *Neue Kronen Zeitung* und *Kurier* beherrschten bald über die Hälfte der gedruckten Gesamtauflage der österreichischen Tageszeitungen – war, wie Fabris zeigt, sicherlich nur deshalb möglich, weil die Parteienpresse, die in Österreich auf eine in Europa ebenfalls einmalige Weise bis zur Bedeutungslosigkeit schrumpfte, keine ernsthafte Konkurrenz mehr darzustellen vermochte. Diese Entwicklung bliebe allerdings »unverständlich«, schreibt Fritz Csoklich, »würde man mächtige treibende Faktoren im Hintergrund außer acht lassen: die Sozialpartner«, die die Grundlagen ihres Einflusses immer mehr befestigten, ihre Macht in immer neue Bereiche ausdehnten, vor allem natürlich in den Medienbereich, und gerade in diesen Jahren die Grundlage für ihren dominanten Einfluß auf die Formierung des geistigen Klimas in Österreich schufen. So ist eben gerade auch dieser umfassende Bedeutungsverlust der Parteienpresse Ausdruck jener aus dem Klima der Sozialpartnerschaft erwachsenden allgemeinen Bewußtseinshaltung, dergegenüber die Behandlung eines Problems, also auch die Berichterstattung, nur dann mit dem Anspruch von Sachlichkeit auftreten kann, wenn sie nicht vom »Parteienzank« und nicht von den Interessen einer Partei diktiert ist.

Der Anspruch der »Objektivität« wird daher in Österreich ausschließlich der »unabhängigen« Presse zuerkannt, deren Auflagenspitzenreiter allerdings »in einem spezifischen Naheverhältnis zu den großen Interessenorganisationen stehen«: Egon Matzner verweist in diesem Zusammenhang auf »die Beteiligung und die Einflußnahme auf Zeitungen wie die *Wochenpresse*, *Presse* und *Kurier* durch Unternehmerverbände sowie die Transaktionen der Gewerkschaftsbank mit dem Pressehaus und den Vergleich der *Kronen Zeitung* mit dem ÖGB.«

In einer sozialpartnerschaftlich aufgeteilten, hochkonzentrierten Presselandschaft haben die Zeitungen keine Aktivitäten mehr nötig, die zwar gut, schön und wertvoll wären, aber den ökonomischen Interessen widersprächen, weil sie etwa zu kostenintensiv wären im Verhältnis zu der dadurch zu gewinnenden Leser- oder Inserentenzahl.

Solche Aktivitäten wären z. B. ausführliche Feuilleton- und Literaturteile in den Zeitungen, wie es sie in der BRD gibt, sicherlich »wider alle ökonomische Vernunft« (Jochen Greven), aber doch diktiert von Konkurrenzverhältnissen der großen, seriösen, konservativen und liberalen Zeitungen sowohl untereinander im Kampf um Marktanteile als auch gegen die Boulevardpresse.

Auch im deutschen Rundfunk gibt es – anders als im österreichischen – durch die Konkurrenz einzelner, weitgehend unabhängiger Rundfunkanstalten eine beträchtliche Anzahl von Redaktionen, die mit literarischen Belangen befaßt sind. So macht, um nur ein Beispiel zu nennen, alleine der Saarländische Rundfunk als regionaler Sender ein umfassenderes Literaturprogramm als der gesamte ORF.

Dies bedeutet aber, daß es in der Bundesrepublik einen bedeutenden Arbeitsmarkt für Schriftsteller gibt, der sie von der literaturproduzierenden Ebene absaugt und sie bei ökonomischer Absicherung auf der literaturvermittelnden etabliert.

In Österreich gibt es diese Möglichkeiten für Schriftsteller nicht, es gibt nur jene Minimalstrukturen, die für die Kulturvermittlung in einer hochkonzentrierten, monopolisierten und zentralistischen Medienlandschaft notwendig sind, die man aber nicht als nennenswerten Arbeitsmarkt mit besonderer Aufnahmekapazität bezeichnen kann: Daher läßt sich für die österreichischen Verhältnisse sicherlich nicht sagen, was Wiesand/Fohrbeck in ihrem Handbuch über die literarische Situation in der BRD konstatieren, nämlich daß der zeitgenössische Autor »nicht mehr vorwiegend für einen kleinen literarischen Salon schreibt, sondern für das breite Publikum der Massenmedien. Er verfaßt zwar auch einmal ein Buch, arbeitet aber vor allem für die Massenpresse, für Funk, Fernsehen, Film und andere öffentliche und private Auftraggeber. Im Vordergrund der Tätigkeit des Normalautors stehen vergleichsweise kurzfristig zu erstellende, aktualitätsbezogene Arbeiten, wie Feuilletonbeiträge, Kommentare, Berichte, Glossen, Interviews, Vorträge etc.« Vor allem »die freien Autoren unter 30«, führen Wiesand/Fohrbeck weiter aus, »haben sich mit ihren größeren Arbeiten schwerpunktmäßig fast ganz auf Hörfunk, Presse und Fernsehen spezialisiert«.

In Österreich vermehrt sich die Zahl der Schreibenden von Jahr zu Jahr naturwüchsig um diejenigen, die als Junge beschließen, den Schriftstellerberuf zu ergreifen, ohne daß aber Teile dieser immer größer werdenden Gruppe abwandern können, etwa in die Feuilletons der Zeitungen oder in die Hörspiel-, Fernsehspiel- oder andere Redaktionen des Rundfunks. Dies zwingt die Schreibenden zu »literarischer Selbstverwirklichung, die nicht anders stattfinden kann« (Ulrich Greiner), denn wer unter den skizzierten Voraussetzungen den Entschluß gefaßt hatte zu schreiben, findet keine Möglichkeit, in Tätigkeitsbereiche auszuweichen, wo er als Wortproduzent Anstellung und Absicherung erreichen kann. Er muß seine künstlerische Produktion weitertreiben und darauf hoffen, einen Verlag zu finden. Das ist sicherlich ein wesentlicher Grund dafür, daß Österreich ein solch überproportional großes Autorenreservoir für die bundesdeutschen Verlage darstellen konnte, eine Voraussetzung für die österreichische »Literaturexplosion« der sechziger Jahre auf dem deutschen Markt. Dieses Entstehen einer »literarischen Hochblüte« auf der Basis eines umfassenden Desinteresses an kreativer, nicht bloß repräsentativer Literatur in Österreich ist also Folge davon, daß die Sozialpartnerschaft in jenen Jahren sich auch in der Medienlandschaft und im geistigen Überbau durchsetzte, wodurch sie im literarischen Leben jene Dialektik herstellte, die auch die österreichische Wirtschaft prägte: nämlich Prosperität bei gleichzeitiger Armut an ökonomischen Ressourcen.

Die Kritik einzelner Autoren an den beschränkten literarischen Produktionsbedingungen und Rezeptionsweisen in Österreich wurde ganz einfach im allgemeinen Stolz auf den Erfolg, den diese Autoren im Ausland hatten, aufgehoben. Und daß Österreich gerade durch den Export seiner Autoren diese gewann, ist ja eine Erfahrungstatsache, gegen die sich auch ein Handke vergebens gewehrt hat: »Der hysterische Patriotismus eines kleinen Landes«, schrieb er, formalisiere die Autoren, die es zuvor exportiert hatte, »zu Botschaftern des Landes draußen in der Welt«, daher auch immer wieder die Rubriken »Österreicher im Ausland« in den Zeitungen, die Feuilletons nicht mehr besitzen. 1960 wurde das Grazer Forum Stadtpark eröffnet, das zum bedeutendsten Sammelbecken jener jungen Autoren werden sollte, die im Lauf der sechziger bis Anfang der siebziger Jahre den Sprung nach Deutschland, zu deutschen Verlagen schaffen sollten.

Die Lesung Heimito von Doderers bei der Eröffnung zeigt sinnfällig die Kontinuität im Bruch der Entwicklung:

Es las die Galionsfigur der österreichischen Literatur, des österreichischen Literaturbetriebes, der sich schon fördernd für die Wiener Gruppe eingesetzt hatte, deren Erfahrungen bei den Autoren, die sich im Forum Stadtpark in der Folge sammelten, allerdings gegen den etablierten Literaturbetrieb aufgegriffen und verarbeitet wurden.

Immer mehr Autoren kamen also über den Umweg der BRD, den Erfolg im Ausland, jetzt auch in Österreich zu Rang und Namen, wurden – da es sich, wie Hilde Spiel schreibt, »als unhaltbar erwiesen hatte, gewisse Entwicklungen zu ignorieren« – auch »zu Hause allgemein anerkannt«, freilich ohne eben von den alten Repräsentanten der österreichischen Literatur im eigentlichen Sinn gefördert, unterstützt und protegiert worden zu sein. So konnten die Neuen, durch den Erfolg im Ausland Etablierten, den alteingesessenen Etablierten den Vorwurf der Borniertheit und Engstirnigkeit nicht ersparen. Abgesehen von einer einzigen Lesung, die »Abgesandte des Forum Stadtpark« im PEN-Club halten konnten, verweigerte der PEN weiterhin die Öffnung gegenüber den neuen Autoren, deren Mitgliedschaft vornehmlich an der Person des PEN-Präsidenten Alexander Lernet-Holenia scheiterte, der keinen Hehl aus seiner Ablehnung der Avantgarde-Autoren machte.

War der monolithische Literaturbetrieb dadurch charakterisiert gewesen, daß es in ihm nicht nur keine ästhetischen und politischen Differenzen gegeben hatte, sondern nicht einmal Generationskonflikte, so war jetzt ein Generationsbruch aufgetreten, der von seiner Anlage her ästhetische und politische Konflikte nach sich ziehen mußte: Ästhetische, weil die in der BRD zu Erfolg gekommenen Jungen sich mit einigem Recht als Neuerer, Innovatoren, Avantgardisten verstanden, die dem »provinziellen Anachronismus« der Alten und der durch sie repräsentierten Schreibweise den Garaus machten; politische, weil doch die alten, konservativen Literaten auch dem politischen Konservativismus zurechenbar waren.

So wie das »noch unbegriffene Zeitalter« des Wirtschaftswunders (Doderer) in Schlagwörtern wie »technisches Zeitalter«, »Übertechnisierung« etc. reflektiert wurde, trug man diesen schwelenden Generationskonflikt zunächst auf der Ebene der »literarischen Techniken« aus. Die Alten warfen den Jungen vor, sie beherrschten die literarischen Techniken, das »Handwerkszeug«, nicht mehr, weil sie die überkommenen durchbrochen hatten – Weigel wendete sich sogar wieder gegen Ilse Aichinger und Ingeborg Bachmann, die er in ihren Anfängen, zu Zeiten des monolithischen Literaturbetriebes, noch gefördert hatte; die Jungen warfen den Alten vor, daß ihre Techniken inadäquat seien und dem technischen Zeitalter nicht mehr entsprächen.

Als am Ende der Hochkonjunkturphase, am Beginn der »Konjunkturverflachung« 1966, das innenpolitische Klima sich verschärfte und polarisierte, die große Koalition auseinanderbrach und allgemein ein breiter Politisierungsprozeß einsetzte, verschärfte sich in der Folge auch die literarische Polarisation. Als erste deutliche politische Kampfansage gegen die alte Schreibergarde gilt das *Manifest des Arbeitskreises der Literaturproduzenten* von 1971. Darüber, daß es »einfältig« war, wie Hilde Spiel schreibt, gibt es wohl keine Diskussion, doch ging es eben nicht um die Tiefe des Vortrags, sondern um die möglichst aggressive Demonstration einer Spaltung im literarischen Leben Österreichs, die sich 1973 organisatorisch endgültig in der Gründung der Grazer Autorenversammlung – als zweites österreichisches PEN-Zentrum konzipiert – vollzog.

Das schuf auch plötzlich die Möglichkeit politischer Zuordnung von Dichtern, die in der Phase des Wiederaufbaus des Literaturbetriebs, als die Etablierung »österreichischer« Dichter wichtig war, noch nicht betont worden ist:

In die Grazer Autorenversammlung traten Autoren ein, die sich eher als Arbeitnehmer, abhängig von den Verlagen, empfanden, im PEN blieben jene, die sich eher als Unternehmer, als Freischaffende verstanden.

Der kompakte monolithische Literaturbetrieb war damit zerstört und durch einen organisatorisch gespaltenen, politisch polarisierten und ästhetisch weit aufgefächerten Literaturbetrieb abgelöst worden. Statt durch »Harmonie und Verständnis« – wie Weiss schreibt – war er nun durch »Spannung und Entfremdung« gekennzeichnet. »Die vorgefundenen Entsprechungen zwischen der Literatur in der Zweiten Republik und ihrem politisch-gesellschaftlichen Ausgleich [waren] [...] im Lauf der sechziger Jahre einem gespannten bis gestörten Verhältnis gewichen, zumindest an der Oberfläche.«

c) Gleichschaltung auf der Basis des Pluralismus: die sozialpartnerschaftlich gemeisterte Krise

Walter Weiss konstatierte nicht nur, daß es »zwischen den führenden Autoren der mittleren und der jüngeren bis jüngsten Schriftstellergeneration mehr Spannung und Entfremdung als Harmonie und Verständnis« gibt, sondern auch daß »erfreulich weit und pluralistisch die gegensätzlichen, ja einander ausschließenden Stimmen nebeneinander zu Worte kommen«.

Genau darum ist es nämlich gegangen, um ein breites Nebeneinander, ein facettenreiches Angebot, um einen »Pluralismus der Stile« (Viktor Suchy), um die Füllung der Regale im literarischen Supermarkt, wie es dem Wirtschaftswunder, der expandierenden Wirtschaft und damit auch der expandierenden Kulturindustrie entspricht. »Der Pluralismus ist jene Ordnung, in der im Rahmen ihrer Aufrechterhaltung alles, das heißt aber auch das Gegenteil von allem, verkauft werden kann. Die Regulierung der kulturellen Bedürfnisse funktioniert so, daß dir, bist du einmal satt von dem einen, das andere schon nachgeschoben wird« (Franz Schuh).

Dieser von der hochentwickelten Marktwirtschaft – die auf unterschiedliche Zeitereignisse und damit verbundene Interessen und Nachfragen immer rascher zu reagieren imstande ist – konzentriert produzierte Pluralismus war Anfang der siebziger Jahre deutlich herausgebildet. Wie sehr sich diese Entwicklung gerade in diesen Jahren immens beschleunigte, zeigt auch obiges Weiss-Zitat in schöner Symptomatik, wo er von »führenden jüngsten Autoren« schreibt, was doch – verglichen mit den fünfziger Jahren – ein absolutes Novum darstellt: damals hatte der Begriff »junger Autor« noch soviel wie »literarisches Mündel« bedeutet. Aber die Notwendigkeit, immer rascher unterschiedliche neue Autoren zu produzieren, etablierte folgerichtig auch immer jüngere.

Es ist klar, daß durch die Schaffung eines immer breiter werdenden literarischen Angebotes, eines immer stärker sich auffächernden Pluralismus der alte monolithische Literaturbetrieb des Wiederaufbaus, der aufgrund der ihn konstituierenden Bedingungen und Interessen nur sehr eng und beschränkt sein konnte, wie beschrieben aufbrechen mußte. Dieser »offene Bruch« der österreichischen Literatur, wie er im Lauf der sechziger Jahre eingetreten ist, ist also in Wahrheit Ausdruck einer kontinuierlichen Entwicklung seit den fünfziger Jahren und nicht Bruch mit der Kontinuität. Ein kurzer Rückblick darauf, wie diese Entwicklung bereits in den fünfziger Jahren antizipiert worden war, mag dies verdeutlichen:

1957, als in der ersten Phase der Hochkonjunktur der beginnende Wohlstand sich abzuzeichnen begann, schrieb Felix Butschek im *FORVM*: »Die Tendenz der modernen Vergnügungsindustrie läuft darauf hinaus, den Menschen zu verdummen oder seine Triebe in einer hauptsächlich auf den Gelderwerb abzielenden Richtung zu mobilisieren [...].

Am Ende dieser Entwicklungstendenzen (sie sind, wie man sieht, nicht nur totalitären Systemen eigen) ergäbe sich ein Zustand, in dem bei steigendem Lebensstandard eine unvorstellbar primitive Masse, die ihre geistige Nahrung aus Illustrierten, Heimatfilmen und Comicstrips bezieht, von einer Kaste beherrscht wird, die auf einer Klaviatur aus Ressentiments und Triebhaftigkeit jede gewünschte Melodie hervorbringen kann.« Unter den gegebenen Bedingungen gab es – das wurde schon damals klar – nur einen ebenso aussichtsreichen wie profitablen Konkurrenten für die Vergnügungsindustrie, der auch ihr Regulans zu werden versprach: eine massiv aufzubauende Kultur- (und Kunst-)Industrie. »Gegebene Bedingungen«, das bedeutete in diesem Fall, daß das Haben von Kultur (im Gegensatz zur »Primitivität«, die ihre geistige Nahrung nur aus Illustrierten etc. bezieht) lediglich als Konsumtion von Kultur- und Kunstwaren begriffen werden kann: »Es ist nicht klar«, merkte also Butschek an, »warum man heute noch von einem Bildungsprivileg spricht, da es ja schließlich der individuellen Entscheidung überlassen bleibt, ob ein Motorrad oder ein Konzertabonnement erworben werden soll.«

Wenn der Erwerb von Konzertabonnements jedem freisteht, verlieren also »klassenmäßige Abgrenzungen [...] immer mehr an Präzision und Bedeutung (ganz ähnlich wie die im politischen Sprachgebrauch immer noch verwendeten Kategorien rechts und links)«, weshalb Butschek auch von einer »Krise der Ideologie« sprechen kann. Karl Bednarik wiederum fragte: »Was ist in dieser Welt revolutionär, was konservativ?« Wer kann das sagen? Revolution und Konservativismus seien geschlagen, korrumpiert, verknöchert, »das Neue aber, das tatsächlich entstanden ist, wurde als Ganzes noch gar nicht definiert«. Worauf können wir uns da also noch verlassen? »Als einziges, was in unserer Welt noch Bestand hat«, so Bednarik weiter, bleibe jedenfalls »die freie Marktwirtschaft. Christin und Nichtchristin tragen die gleichen Nylonstrümpfe, Sozialist und Nationalist kaufen den gleichen Kühlschrank.« Auf diesem Boden der unbegrenzten Möglichkeiten, unbehelligt von Ideologien und Systemen, sollte daher der »Geist der modernen Kunst [...] am besten gedeihen.« »Jedenfalls obliegt es uns, die *Persönlichkeitsentwicklung des Menschen* [Hervorhebung von K. Bednarik] zu fordern und zu fördern, *wozu übrigens die ›unverständliche‹ Kunst sehr wesentlich beiträgt* [Hervorhebung von R. M.].«

Die Persönlichkeit des Menschen mußte tatsächlich entwickelt werden, damit ihm zunächst Unverständliches selbstverständlich werden konnte, wie wir schon am Beispiel der Wiener Gruppe als Ausdruck der Innovationsraserei der modernen Warenproduktion gesehen haben, oder man denke an den Wiener Aktionismus, der auch einiges zur Enttabuisierung von Sphären beigetragen hatte, in die das Kapital heute längst eingedrungen ist. Die »Krise der Ideologie«, die geistige Destruktion gesellschaftlicher Widersprüche und Spannungen hinter der Präsentation von Waren – von Kühlschränken bis Kunst –, auf deren Erwerb sich alle Lager einigen konnten, erschien als die Lösung jener Aufgabe, die Gertrude Wagner schon 1955 sah, nämlich »die Spannungen der Klassen zu vermindern«, um eine Gesellschaft zu erreichen, die sie als »harmonisch« bezeichnete.

Diese Zitate, alle aus Friedrich Torbergs *FORVM* (dies deshalb, weil diese Zeitschrift das kulturelle Leben in Österreich damals unbestreitbar dominiert hat), sollten nur einen kleinen Einblick geben, wie schon damals mit der Schaffung der »Ideologie der Ideologielosigkeit« der mentale Boden geschaffen wurde für jene Entwicklung eines breiten Pluralismus, für die Schaffung eines »literarischen Supermarktes«, in dem alle Unterschiede und Differenzen, wie Weiss schreibt, nur »an der Oberfläche« bestehen.

Rückblickend auf die fünfziger Jahre schrieb Geyrhofer:

»Der Usus bürgerte sich ein, Kritik nicht an der Gesellschaft, sondern an ihren ›Extremen‹ zu üben. Allein vor diesem Hintergrund – dem intellektuellen Nichts – ist die Genesis eines Handke oder Bernhard verständlich.«

Allerdings ist die Schaffung eines konzentriert produzierten Pluralismus kein spezifisch österreichisches Phänomen, sondern eines der westlichen Industrieländer insgesamt.

In Österreich allerdings fand diese Entwicklung aufgrund der hier gegebenen Bedingungen Mitte bis Ende der siebziger Jahre eine eigene – so rasch wie unbemerkt, zumindest unbegriffen vonstatten gehende – Ausformung, die die pluralistisch aufgefächerte Literatur Österreichs grundsätzlich von der bundesdeutschen, sowohl organisatorisch (d. h. in der Formierung des Literaturbetriebes) als auch ästhetisch unterscheidet.

Es sind dies Unterschiede, die allgemein gekannt, aber nicht erkannt werden. In durchaus diesem Sinne sieht sie auch oder gerade ein Künstler, der aus Deutschland nach Wien kam. Bazon Brock über Wien: »Für mich ist eine Metropole ein Ort, an dem es möglichst viele ruhmsüchtige, überlebensdurstige, selbstbewußte, kampfwillige, streitbare Menschen gibt, die mit allen ihnen zu Gebote stehenden Mitteln versuchen, Parteiungen zu schaffen, und die, um diese Parteiungen zu erzwingen, Forderungen an das gesamte gesellschaftliche und kulturelle Umfeld stellen. Wien ist für mich leider noch keine Metropole in diesem Sinne, weil hier immer noch das falsch verstandene Demokratieverständnis von Vermeidung kräftiger Auseinandersetzungen gilt. Man hält es immer noch für eine Tugend, sich möglichst rasch und schmerzlos zu arrangieren, zu verständigen, anstatt schöne, kräftige und folgenreiche Auseinandersetzungen zu führen.«

Hier wird ein harmonistisches Klima als charakteristisch für die Situation in Österreich bzw. Wien bezeichnet, das es in der BRD nicht gibt, d. h., daß der Pluralismus in Österreich eine andere Form als in der BRD angenommen hat. Die Differenzen und Auseinandersetzungen im auseinanderbrechenden Literaturbetrieb Anfang der siebziger Jahre hatten sich tatsächlich überraschend schnell in einem konfliktfreien Pluralismus aufgelöst, und es soll im folgenden gezeigt werden, daß diese plötzliche Harmonie eine Konsequenz der weiterhin erfolgreichen Harmonisierungspolitik der österreichischen Sozialpartnerschaft war.

Die Abschwächung der zweiten Phase der Hochkonjunktur, die Wirtschaftsflaute von 1966/67 war nach Auseinanderbrechen der Koalitionsregierung durch das Funktionieren der institutionalisierten Sozialpartnerschaft gemeistert worden. Die große internationale Wirtschaftskrise von 1972/73 – Folge der Überproduktion und der Verteuerung der meisten Rohstoffe, insbesondere des Erdöls – konnte wegen ihres internationalen Zuschnitts nicht sofort aufgefangen werden. Durch gemeinsame wirtschaftspolitische Maßnahmen der Interessenorganisationen und den sozialpartnerschaftlich aufrechterhaltenen sozialen Frieden konnte die Krise allerdings in den Griff bekommen und, wenn auch nicht in einer neuen Hochkonjunktur, so doch in einer Stabilisierung der Situation aufgehoben werden, die noch die folgenden Jahre charakterisierte, während die anhaltende internationale wirtschaftliche Labilität im westlichen Ausland bekanntlich zu einer Zuspitzung der politischen Kämpfe führte.

»Die österreichischen Strukturen sind 1974 im Gegensatz zu den meisten anderen westeuropäischen Ländern augenscheinlich intakt« (Matzner).

Eine wesentliche Rolle für die Meisterung dieser großen internationalen Wirtschaftskrise spielte sicherlich auch der Strukturwandel der österreichischen Wirtschaft, die in diesen Jahren von der Grund- und Rohproduktion verstärkt zur Finalproduktion überging, was eine spürbare Expansion und größere Exporterfolge ermöglichte. Dieses Wirtschaftswachstum, das weitere beträchtliche Gewinnerhöhungen, Arbeitsplatzsicherheit und auch gewisse Lohnerhöhungen garantieren konnte, stellte – so Matzner – ein beträchtliches »konfliktminderndes Element« dar.

Die allgemeine Konzentrationsbewegung schritt weiter fort, in der Presselandschaft ging sie sogar bis zum Versuch, die beiden größten Tageszeitungen, *Kurier* und *Kronen Zeitung*, zu fusionieren. Bedenkt man aber, daß, wie schon gesagt, diese beiden Zeitungen wesentlich den beiden großen Interessenorganisationen von Kapital und Arbeit nahestanden, sagt dieser Fusionsversuch so ziemlich alles über das damalige geistige Klima in Österreich aus.

Der Übergang zur Finalproduktion zeigte sich, so wie auch die fortschreitende Konzentrationsbewegung hin zu Quasimonopolen – auf österreichisch beschränkte, aber doch deutliche Weise – auch im österreichischen Verlagswesen: 1974 hatte Hans F. Prokop im *Österreichischen Literaturhandbuch* gefordert: »Sicher könnten manche österreichische Autoren zur Rückkehr bewogen werden oder von der Abwanderung abgehalten werden. Das Gegenwartsimage der österreichischen Literatur darf nicht länger hauptsächlich von Emigranten bestritten werden.«

Daß deutsche Verlage österreichische Autoren im gesamten deutschen Sprachraum durchgesetzt hatten, machte die Publikation dieser oder in deren Windschatten befindlicher Autoren tatsächlich nun auch für österreichische Verlage interessant, konnten sie jetzt doch mit einer größeren Nachfrage als der unprofitablen des binnenösterreichischen Marktes rechnen. Dazu kam eine intensiv einsetzende Verlagsförderung des Bundes und auch der Länder, die – in Form von Druckkostenzuschüssen, Tantiemengarantien, Sonderprämien für österreichische Autoren, die eines ihrer Werke in einem österreichischen Verlag herausbringen, Sonderzuschüssen für Verlage, die »anspruchsvolle literarische Produktionen österreichischer Autoren« publizieren,

Projektförderungen etc. – mehrere österreichische Verlage, die kaum (noch) Literatur in ihrem Verlagsprogramm hatten, dazu animierte, verstärkt auch wieder auf die Publikation literarischer Reihen bzw. literarischer Einzel- und Werkausgaben zu setzen.

Auch einige Verlagsgründungen fielen in diese Zeit, kleine Verlage, die sich ausschließlich bzw. überwiegend der Publikation von Literatur widmen wollten, wie z. B. die Edition Neue Texte (Linz), der Alfred-Winter-Verlag (Salzburg) und der Rhombus-Verlag (Wien). Zum Teil wurden diese Verlage auch direkt von der österreichischen Wirtschaft wie IBM-Österreich oder Erste österreichische Spar-Casse mitfinanziert. Tatsächlich hat sich der »literarische Rohstoffexport« in die Bundesrepublik Mitte der siebziger Jahre deutlich verringert, eine ganze Schar Autoren ist damals ganz oder zumindest teilweise verlegerisch nach Österreich zurückgekehrt.

Schon 1976 ist die Ausfuhr von österreichischen Buchwaren »gegenüber dem Jahr 1975 um 111,8 Mill. S. bzw. + 18,4 % gestiegen. [...] Der Wert des österreichischen Buchexportes in die BRD betrug rd. 533,4 Mill. S., das sind um 63,9 Millionen Schilling mehr als 1975. Dies entspricht einer Steigerungsrate von + 13,6 % gegenüber dem Vorjahr.«

Die nach dem verlegerischen Vakuum der sechziger Jahre mannigfaltig einsetzenden Initiativen in den siebziger Jahren hatten allerdings nicht zu einer vielfältigen österreichischen Verlagslandschaft geführt, sondern dazu, daß schließlich ein Verlag das Monopol für die Vielfalt der österreichischen Literatur inne hatte: der Residenz Verlag – jener Verlag, über den Franz Schuh meinte, er sei »für jeden österreichischen Autor eine Katastrophe – für jeden, den er publiziert, und für jeden, den er ablehnt.«

Der Residenz Verlag hat am meisten von der Heimkehr österreichischer Autoren profitiert, am geschicktesten die

Verlagsförderung auszuschöpfen gelernt und die Chance, in den deutschen Markt dank der Publikationen von Autoren, die dort schon einen Namen hatten, einzudringen, nützen können. In der Folge konnte er selbst eine ganze Reihe neuer, junger »eigener« Autoren »machen«.

Daneben mußten andere Verlage ihre literarischen Reihen wieder weitgehend einstellen (der Europa Verlag die Reihe *work-shop*, der Bergland Verlag die Reihe *Profile und Facetten*, Jugend und Volk die *Edition Literaturproduzenten* etc.) oder wurden an den Rand gedrängt (wie etwa der Winter Verlag, dessen Vertrieb zu behindern dem Residenz Verlag gelungen ist).

Besonders augenfällig wird das Quasimonopol, über das der Residenz Verlag bezüglich österreichischer zeitgenössischer Literatur damals verfügte, wenn man die Sondernummer »Österreich« des *Börsenblattes für den deutschen Buchhandel* aus dem Jahr 1979 liest.

Die überragende Mehrzahl der hier besprochenen Autoren sind Autoren des Residenz Verlages, den Einleitungsaufsatz über »Die österreichische Gegenwartsliteratur« schrieb der damalige Residenz-Lektor und heutige Verlagsleiter Jochen Jung, und das Titelblatt findet sein Auslangen mit einer Residenz Verlagswerbung. Studiert man, nach einem Wort Geyrhofers, eine aktuelle Literaturgeschichte am besten wie einen Börsenbericht, so konnte man das *Börsenblatt für den deutschen Buchhandel* sicherlich als vorformulierte Literaturgeschichte lesen: und tatsächlich zeigt sich nirgends bezeichnender der damalige Entwicklungsstand der österreichischen Literatur. Man stellte die Frage, was denn nun die österreichische Gegenwartsliteratur sei, und gab die Antwort in Form von Aufzählungen, alphabetisch (Wendelin Schmidt-Dengler) und nicht-alphabetisch (Hans Weigel), um zu dem Ergebnis zu kommen, daß »die Fortsetzung eines Kataloges, der einem Telefonbuch ähnelt, keinen Sinn hat. Doch sei festgestellt, daß die Vielfalt der geübten literarischen Praktiken erstaunlich ist« (Schmidt-Dengler). Die österreichische Literaturszene »ist ja keine Szene, sondern eine Vielzahl von Monologen, unübersehbar und unübersichtlich« (Weigel).

Man mag einwerfen, daß über eine schöne Vielfalt lauter Größen auch z. B. die Literatur der Bundesrepublik verfügt, aber durch die besondere Art, wie die Beiträger des *Börsenblattes* das pluralistische Angebot der Literatur aus Österreich auffächerten, strichen sie doch – ohne es zu bemerken – die spezifische Besonderheit der literarischen Situation in Österreich hervor. Es ist die Art und Weise, wie hier alles gleich gültig nebeneinandergestellt wurde, wie sich in diesen Aufzählungen alle Unterschiede und Differenzen vermischten – und nichts ist symptomatischer, als daß Hans Weigel, der seinerzeit tatkräftigst mitgeholfen hatte, Brecht in Österreich zu verhindern, dann in diesem *Börsenblatt* stolz darauf verwies, daß »wir« auch politisch engagierte, kommunistische Dichter »haben«. Dieses »wir haben alles«, die Art und Weise, wie alle diese Strömungen präsentiert wurden, zeigt, daß nicht bloß der Pluralismus als Gleichzeitigkeit sogenannter verschiedener Strömungen das Spezifische an der neuen literarischen Situation in Österreich war, sondern das Verhältnis, in dem diese Strömungen sich plötzlich zueinander befanden: Es bestanden keine echten Gegensätze zwischen etablierter und junger Literatur, keine Konflikte zwischen unterschiedlichen ästhetischen und politischen Konzeptionen in der Literatur; trotz der Vorführung von Unterschieden war es das Fehlen von Unterschieden und von konsequent ausgetragenen Differenzen, das die österreichische Literatur dieser Zeit charakterisierte.

Gleichzeitigkeit verschiedener ästhetischer und politischer Strömungen in der Literatur hat es natürlich schon immer gegeben, diese haben sich aber bekämpft, nicht selten vernichten wollen. Ihr Selbstgefühl schöpfte jede Richtung ja gerade aus dem Glauben, die entsprechendere, gelungenere, adäquatere künstlerische Möglichkeit bezüglich der zu verarbeitenden Probleme ihrer Gegenwart zu besitzen. Sie wollten durchsetzen, umwälzen. So wie aber zu keiner Zeit eine künstlerische Konzeption alleine die umfassende künstlerische Ausdrucksform sein kann, siegen immer mehrere Strömungen, das heißt, etablieren sich, ohne übereinander gesiegt zu haben. Ihr kämpferischer Anspruch bleibt aber, bis sie sich gegenüber deutlich geänderten historischen Voraussetzungen historisch überlebt haben. Noch 1963 hatte in Österreich z. B. Albert Paris Gütersloh darauf bestanden, daß eine künstlerische Richtung, will sie ihren Begriff erfüllen, »notwendig totalitaristisch« sein müsse.

Am Pluralismus aber, der sich in den siebziger Jahren herausgebildet hatte, fällt auf, daß diese Konkurrenzhaltung von einem freiwilligen, kampflosen Sich-Nebeneinanderstellen abgelöst wurde. Alles trat nun ohne Anspruch auf Allgemein- und Alleingeltung zu dem Bisherigen dazu und steht daneben. Die moderne Literatur in Österreich erschien jetzt in einer Koexistenz, wie sie bisher nur der historischen im Pantheon angedichtet worden war, wozu Theodor W. Adorno angemerkt hatte: »Durch ihre Koexistenz freveln sie aneinander. Will ein jegliches, ohne daß der Autor es wollen müßte, das Äußerste, so duldet eigentlich keines das nächste neben sich.«

Aber gegen wehrlose, weil tote Künstler konnten die Literaturgeschichtsschreiber diesen Frevel, diese Harmonisierung durchführen, so streitbar die Künstler zu Lebzeiten auch gewesen sein mögen. Das historisch qualitativ absolut Neue ist, daß diese Harmonisierung, diese Koexistenz die Künstler in Österreich nun schon selbst betrieben.

Das ist eben jene Situation, die Bazon Brock, wie oben zitiert, so verwunderte und die Walter Weiss schon zu jener Zeit, als noch der Bruch und die Polarisation der österreichischen Literatur zu konstatieren waren, heraufdämmern sah, indem er schrieb, daß diese Polarisation nur »an der Oberfläche« stattgefunden habe.

Tatsächlich waren die Polarisation der österreichischen Literaturszene und die damit verbundenen Differenzen bloß Symptome dieser Entwicklung, nicht aber wirkliche Polarisationen und wirkliche Differenzen. Die Spaltung des Literaturbetriebes und die damit verbundenen Lagerbildungen und politischen Selbstzuordnungen der Autoren sind bloß Voraussetzung dafür gewesen, daß auch der Literaturbetrieb partnerschaftlich organisiert werden konnte.

Denn anders als etwa zur gleichen Zeit in der BRD, wo der literarische Pluralismus von gesellschaftlich zuordenbaren Gegensätzen und den entsprechenden (kultur-)politischen Differenzen geprägt war, war der literarische Pluralismus in Österreich wesentlich durch die Verwischung der Fronten und das Aufgeben grundsätzlicher Gegensätze bestimmt.

Während Künstler in der BRD, so Brock, »kräftig kämpfen« müssen, wobei es aber wie immer, wenn Kämpfe und Konflikte sich zuspitzen, »nicht Parteiungen, sondern nur mehr zwei Parteien, die alles vereinnahmen«, gibt, gebe es in Österreich »überhaupt keine Parteiungen mehr«.

Parteiungen, Möglichkeiten der gesellschaftlichen Zuordnung von Autoren, wie sie in der Phase des Auseinanderbrechens des Literaturbetriebes und der Polarisation kurzfristig möglich schienen, verschwanden, plötzlich gab es keine selbstbewußten bürgerlichen Dichter, keine rebellischen linken Autoren mehr, nur noch die vielen österreichischen Schriftsteller.

Die Opposition der Grazer Autorenversammlung (GAV) als »Anti-PEN« war genauso scheinhaft wie die der SPÖ nach Auseinanderbrechen der großen Koalition: Hinter dem scheinbaren Bruch war die Kooperation ja erst stark geworden, die Opposition der SPÖ ist in Wirklichkeit niemals etwas anderes gewesen als die Weiterführung der Koalitionspolitik in den Gremien der Sozialpartnerschaft, also hinter den Kulissen. PEN und GAV, gleich hoch subventioniert und paritätisch in den Jurys der Literaturpreise und -stipendien vertreten, wurden zu Vereinshülsen, die über die jeweiligen Mitglieder nichts mehr aussagten; Ende 1980 wurden z. B. zur gleichen Zeit Ex-KPÖ-Mitglied Georg Biron und ExKommunistenfresser und Brecht-Verhinderer Hans Weigel in die Grazer Autorenversammlung aufgenommen. Weigel war vordem PEN-Mitglied.

»Alle Gegensätze der Nachkriegsliteratur – experimentelle Sekten auf der Linken, monarchistische Mythologie auf der Rechten – wurden in einer opportunistischen Synthese aufgehoben, die jeden kritischen Standard überflüssig macht« (Friedrich Geyrhofer).

Die Herausbildung sozialpartnerschaftlich-ästhetischer Strukturen in der österreichischen Literatur der Zweiten Republik

Seit den »Lohn-Preis-Abkommen« und immer rascher und umfassender seit der Schaffung der Paritätischen Kommission durchdrang der »Geist der Sozialpartnerschaft« alle gesellschaftlichen Bereiche, prägte auch die Strukturen des österreichischen Literaturbetriebes und bildete in zunehmendem Maße in der Literatur österreichischer Autoren ästhetische Merkmale heraus, die die österreichische Literatur im wesentlichen charakterisieren und auch ihre heutige Bedeutung und ihren Erfolg begründeten.

Auf diese ästhetischen Merkmale soll im folgenden an Hand einiger signifikanter literarischer Beispiele hingewiesen werden. Die Kritik, die ja bekanntlich einen Hang zum Enzyklopädischen hat, ebenso bekanntlich aber auch nur den Hang, wird vorwerfen, daß die Beispiele beliebig sind. Dem ist entgegenzuhalten: Das sind sie! Und daß sie es sein können, ist ein Hinweis auf die Stichhaltigkeit der These: Jedes andere Beispiel wäre genauso dienlich, und jeder Leser kann das selbst versuchen.

Anders als etwa in der Bundesrepublik Deutschland hat es – wie schon gesagt – in Österreich nach 1945 keine relevanten Versuche gegeben, die Erfahrungen mit Faschismus, Krieg und der sogenannten »Stunde Null« literarisch aufzuarbeiten. Zwar ist 1947 *Mars im Widder*, Alexander Lernet-Holenias Roman über den sogenannten Polenfeldzug, neuaufgelegt worden, aber der Überfall auf Polen bleibt in diesem Roman bloß Kulisse, vor der der Autor eine triviale, kleingeheimniskrämerische Unterhaltungsromanhandlung von Liebe und Okkultismus ansiedelt. Dieser Roman, der formal und inhaltlich nur mit billigen Effekten arbeitet, war für die Entwicklung der österreichischen Literatur weiters nicht von Einfluß und Bedeutung. Von Bedeutung war er lediglich für die Person Lernet-Holenia, der sich mit diesem Roman als »Antifaschist« ausweisen konnte, und zwar mit Hilfe eines jener billigen Effekte, die er in diesen Roman gestreut hatte: Krebse, die eines Nachts unbeirrbar über eine Heerstraße marschieren, sollen als Symbol der großen Panzerarmeen begriffen worden sein, die ihrem Untergang blind entgegengingen. Sollte Lernet-Holenia dieses Bild wirklich in dieser Bedeutung intendiert haben (und nicht bloß als ein weiteres jener »okkulten Signale«, die sein Hauptheld Wallmoden empfängt), dann ist unverständlich, warum er soviel Trivialliteratur und soviel Affirmation rund um diese Zeilen gepappt hat.

Eine der wenigen, zugleich auch signifikanten Ausnahmen ist der ehrgeizige Versuch Fritz Habecks, in seinem Roman *Der Ritt auf dem Tiger* (1958) die Geschichte Österreichs vom letzten Jahrzehnt des vorigen Jahrhunderts über das Ende der Monarchie, die beiden Weltkriege bis zum Beginn des Wirtschaftswunders aufzuarbeiten.

Fritz Habeck schildert die Entwicklung seines Helden Martin Leichtfried von einer – im Rahmen seiner Möglichkeiten und Voraussetzungen – radikalen und stürmischen Jugend bis hin zu einem Alter, in dem er als Monument des Ausgleichs und Kompromisses erscheint. Es ist symptomatisch, daß Martin Leichtfried nach seinem Jus-Studium nicht Anwalt, sondern Richter werden will, die Bewegung seines Denkens ist die der Waage der Justitia, die die Gegensätze abwägen will. Nur ist leider das menschliche Bewußtsein – wenn überhaupt – lediglich *eine* Waagschale, und legt man die Gegensätze in diese hinein, werden sie nicht abgewogen, sondern bloß zusammengedacht, was allerdings nur dann zum Problem wird, wenn man auf dem Anspruch des Abwägens insistiert. Denkt man die Gegensätze nämlich bewußt zusammen, kann man sie auch wieder auseinanderdenken, das heißt, man kann innerhalb der zusammengeworfenen Gegensätze Differenzen aufrechterhalten, aber will man sie wägen, wird man von ihnen beschwert, ohne zu merken, daß sie, zusammengeworfen, sich auf verwirrende Weise längst verbunden haben. Dieses Abwägen wird zu einer Aneignung von Gegensätzen, die dadurch, daß sie sich im Kopf verbinden, als Ausdruck einer neuen Stufe der persönlichen Entwicklung erscheinen, einer Entwicklung, die kontinuierlich zu einem Bewußtsein führt, das nicht mehr wahrnimmt, daß Gegensätze voneinander abhängen, sondern glaubt, daß sich alle wechselseitig übereinander aufheben.

Am Ende seines Lebens formuliert Martin Leichtfried diese Weltansicht gewissermaßen als Vermächtnis für seinen Sohn Erich: »Feind ist Freund und Freund ist Feind, damit es Leben gibt, weil alles Leben erst entsteht aus der Spannung der Gegensätze.« Aber diese »Spannung der Gegensätze« heißt nur so bzw. meint nicht den Konflikt und die Notwendigkeit, ihn auszutragen, sondern höchstens die Überwindung jener inneren Konflikte, bis man sich zu der Sehweise durchgerungen hat, daß alle Gegensätze sich im Sinne einer umfassenden Harmonie ergänzen. Martin Leichtfried erklärt nämlich weiter: »Wir sind Engel und Teufel in einer Person, denn der Engel ist gut, aber der Teufel ist schön!« Und auch das »Leben«, das oben angesprochen wurde, als aus der Spannung der Gegensätze entstehend, wird nun näher bestimmt, und plötzlich heißt es »stilles Glück«. Das ist das Ergebnis des Anspruches, weder für die Herren noch für die Knechte brauchbar zu sein, wie Martin Leichtfried glaubt, der dem Irrtum unterliegt, deshalb von Herren und Knechten gleichermaßen gehaßt zu werden.

In Wirklichkeit hat sich in Martin Leichtfrieds Kopf nur das individuell mitvollzogen, was in der allgemeinen gesellschaftlichen Entwicklung Österreichs im Schwange war und sich in politischen, wirtschaftlichen und kulturellen Organisationsformen – verschieden rasch – herausbilden und institutionalisieren sollte, nämlich ein spezifisches, in den Allüren verschmelzendes Verhältnis von »Herren« und »Knechten«, ihre – um es in Martin Leichtfrieds unglücklichem Bild zu formulieren – Verschmelzung zur Engel-Teufel-Identität.

Martins Vater, Karl Leichtfried, verkörpert die Mentalität des alten habsburgischen Österreich, die apolitische Sehnsucht nach dem kleinen Glück und dem inneren, festgefügten Frieden im träumerischen Beobachten des »sanften Gesetzes«. Er berauscht sich an der Natur (ein Grashalm ist ihm mehr als tausend Gedanken), er wandert, beobachtet Pflanzen und Tiere. Im Nachsommer seines Lebens findet er innere Harmonie und Glück in der Beschäftigung mit weltabgewandten kindlichen Dingen wie Geduldsspielen oder Baukästen.

Martin Leichtfried revoltiert gegen seinen Vater, zu

Recht erlaubt ihm die ökonomische Realität der Familie nicht, Verständnis für das Leben und das Bewußtsein seines Vaters aufzubringen. Mit der Zeit politisiert er diesen Bruch mit seinem Vater, ohne zu merken, daß er bloß die väterliche, altösterreichische Harmoniekonzeption politisiert, sie also modernisiert und sich in ihr verstrickt. Er wird Mitglied einer schlagenden Verbindung, Mitglied der sozialistischen Partei, er wird Freimaurer, er begrüßt gerührt und hoffnungsfroh den Anschluß Österreichs an Deutschland. Er ist ein Pazifist, der Offizier werden will und es wird, er ist ein Menschenverächter, der Mitleid mit menschlichen Nöten und Schwächen hat. Das alles hat Platz in einem Kopf, der abzuwägen glaubt, dessen Waagschale aber »gut österreichisch« nie etwas anderes war als ein Schmelztiegel, unter dem die Sucht glüht, alle Gegensätze harmonisch zu legieren. In seinem Sohn Erich wird diese Mentalität vollends »modern«: war Martin Leichtfried der ewig Lesende, ewig Studierende – im wesentlichen politisiert, aber handlungsscheu, so wird Erich, nach traumatischen Jugenderlebnissen im Februar 1934, entpolitisiert und pragmatisch. Nach dem Krieg wird er Manager in einem Industriekonzern und sieht gesellschaftliche Harmonie wesentlich vom Wirtschaftswachstum abhängig, so wie er innere Harmonie in seiner Arbeit und danach im schönen Eigenheim findet. Daß er dabei zum Kulturbanausen wird, ist kein Widerspruch mehr, dem er sich anversöhnen muß, weil sein Bewußtsein diesen Sachverhalt zu Recht nicht mehr als Widerspruch zu seinem Glück empfindet.

Formal leidet und scheitert – in gelungenen Passagen exemplarisch – dieser Roman an der vordergründigen Naivität seiner Erzählhaltung. Die Erzählbereitschaft erschien nämlich naiver, als es sich selbst literarisch mittelmäßige Literaturdoyens erlaubten: während sich in Lernet-Holenias Roman *Mars im Widder* zum Beispiel die Beschreibung einer Kriegsverletzung so liest, als würde ein Schauspieler mit

Tomatenmark auf blutig geschminkt, versucht Habeck in vergleichbaren Szenen – der Gewalt bloßen Erzählens vertrauend –, tatsächlich die Schrecken des Krieges darzustellen. Doch während Lernet-Holenia seine Unterhaltungsliteratur mit so unkontrollierbaren Metaphern spickte, daß sie im Gewand einer bedeutenden, weil möglicherweise *etwas* bedeutenden Literatur daherkam, wurde Habecks vordergründiger Realismus als bedeutungslose Unterhaltungsliteratur gelesen, ohne daß gesehen wurde, wie ehrgeizig Habeck in jedem Kapitel Surplus-Bedeutung zu verstecken und in der vordergründigen Handlung zu gestalten versucht hat, auf ein Vorverständnis hoffend, auf dessen Erfordernis er nirgends verweist.

Alle Figuren Habecks sind Stellvertreter – sie sollen *die* Bourgeoisie, *die* Arbeiterbewegung, *die* Aristokratie, *die* Intellektuellen darstellen; diese Technik ist zwar naiv, verrät aber einen großen Anspruch: nämlich stets das *Verhältnis* mitzugestalten, in dem diese Figuren stellvertretend für gesellschaftliche Lager und Klassen zueinander stehen.

Als Beispiel dafür mag das eigentümliche Verhältnis des jungen Martin Leichtfried zu Vera Herzfeld dienen: Man kann natürlich glauben, daß es Martin zu Vera drängt, weil sie »einen schönen Busen hat«, weil er es vor dem Leser so sagt, und man kann glauben, daß sie ihn herankommen läßt, weil er ein talentierter junger Mann sei, wie sie in Anwesenheit des Lesers erklärt. In Wirklichkeit aber soll ihr Interesse aneinander und die Form, die es annimmt, auch etwas bedeuten, und das ist auch nicht schwer zu erkennen, wenn man sich in Erinnerung ruft, daß Vera Herzfeld Unternehmersgattin, also eine Angehörige der Bourgeoisie, ist und Martin Leichtfried »Prolet« mit Aufstiegshoffnungen. Was Habeck im Verhältnis Martin Leichtfrieds zu Vera Herzfeld dargestellt hat, ist Symbol für die allgemeine Entwicklung der österreichischen Gesellschaft so sehr, wie es auch kennzeichnend ist für die individuelle Entwicklung des Haupthelden.

Ob man nun »Klassenzusammenarbeit« oder »Sehnsucht nach dem Verschmelzen der Widersprüche« sagt, es ist symptomatisch, wie es eingeübt wird: In einem koketten Spiel nennt Vera Herzfeld ihren »Proleten« Martin einen »Sklaven« und schlägt ihn sogar mit einer Peitsche, worauf er aufspringt und sie ohrfeigt. Er will gehen. Damit wäre aber das Verhältnis zerbrochen, denn ist der »Sklave« weg, hört auch der »Sklavenhalter« zu existieren auf. Daher hält sie ihn zurück, sie *fleht*, d. h. nun unterwirft *sie sich*: »Du darfst nicht gehen, tu mir das nicht an« – so unschlüssig wie verblüfft bleibt er stehen, unfähig, einen klaren Gedanken zu fassen. Da eröffnet sie ihm die Aussicht, mit ihr eins zu werden: »Ihr Pelz hatte sich geöffnet, er sah, daß sie darunter nackt war.« Er bleibt. Sie führt ihn zur Chaiselongue, er will sie an sich reißen, doch sie stößt ihn von sich. Er begreift das nicht und beginnt sie zu beschimpfen – aber er ist geblieben, und dadurch Sklave geblieben, obwohl er gerade jetzt seinen Stolz dadurch restauriert, dieses Verhältnis umzukehren: allerdings auf der Ebene der moralischen Beurteilung und damit unter Voraussetzung des Einverständnisses mit seiner Knecht-Existenz: »Ich bin gerne Prolet!... Was bist Du denn? Was kannst Du denn? Was hast Du geleistet? Nichts, nichts, nichts...«

Sie gibt ihm recht und versucht sich ihm begreiflich zu machen. Der Konflikt ist in ein Beichtverhältnis übergegangen. Sie erzählt, wieso sie so ist. Sie gesteht, was sie sich von ihm ersehnt. »Du siehst, ich bin keine Königin mehr. Ich rede ganz offen mit Dir. Versuche mich zu verstehen.« Sie läßt sich wieder zögernd neben ihm, dem Besänftigten, nieder, sie streichelt leicht seine Wange. »Mein Knabe!«, flüstert sie. Der »Sklave« ist zum »Knaben« geworden, aber das Possessivpronomen verrät, daß damit das Herr-Knecht-Verhältnis nur umformuliert ist. Sie hat gesiegt, denn sie hat erreicht, daß er sie durch seine Befreiung nicht auslöscht. Er ist geblieben und empfängt nun neue Anweisungen und Richtlinien. Aber auch er hat gesiegt, denn er hat die Peitsche zerbrochen und die Behandlung als »Partner« durchgesetzt. Allerdings hat er damit seine reale Befreiung verspielt, und auch seine reale Verschmelzung mit dem »Herrn«, in diesem Fall mit der »Königin«: sie zieht sich an, er hat seine Anweisungen erhalten und verabschiedet sich, d. h. er sagt »auf Wiedersehen«, weshalb er *jetzt* gehen kann, denn *dieser* Abschied hat sein Bleiben versprochen, sein Gehen ist nur ein Gehen, um seine Schuldigkeit zu tun.

Bedeutsam bei dieser und entsprechenden Passagen in Habecks Roman ist, daß damit ein Topos der alten österreichischen Literatur aufgegriffen und verallgemeinert wird, nämlich der Topos vom eigentümlichen Verhältnis von Herrn und Diener im habsburgischen Österreich. Ein Verhältnis, das von der Harmonisierung der wechselseitigen Abhängigkeit und von einer über Mitwisserschaft organisierten Macht übereinander bestimmt ist, ein Verhältnis, dessen Stabilität zum Zentrum gesellschaftlichen und individuellen Handelns wurde. Man muß wohl nicht an Joseph Roths *Kapuzinergruft* erinnern, wo der junge Trotta in der Hochzeitsnacht seine Frau alleine läßt, weil sein Diener stirbt.

Etwas sentimental-karikierend reproduziert auch Ernst Lothar in seinem Roman *Der Engel mit der Posaune* (1947), der die Zeit vom Untergang des Habsburgerreiches bis zur Auslöschung der Ersten Republik anschaulich zu machen versucht, diesen Topos am Beispiel des »höchsten Herrn«: Im Kapitel »Ein Dienst geht zu Ende« schildert er die letzten Stunden Kaiser Franz Josephs aus der Perspektive seines Leibkammerdieners Ketterl. Wieder dasselbe Spiel: Ketterl widerspricht, reflektiert das »Hundeleben seiner Majestät«, widerspricht wieder sorgenvoll einem Befehl des Kaisers, dann wünscht der Kaiser zu beichten und weist

Ketterl ins Nebenzimmer, »*wo man alles hörte*, auch wenn man nichts hätte hören wollen«, danach gibt Ketterl dem Kaiser Ratschläge, ermahnt ihn, um schließlich zu denken: »Wir kommen gut miteinander aus, seine Majestät und ich.«

Dieses Kapitel ist zwar eine – literarisch wenig bedeutsame – Anekdote, doch die darin charakterisierte Form des Herr-Knecht-Verhältnisses hat Lothar in seinem Roman durchgehend gestaltet: Die Hauptprotagonisten des Romans sind der Unternehmer Franz Alt und seine Frau Henriette, die einen Diener mit dem Namen Johann Simmerl in Dienst nehmen. Dieser setzt zunächst einmal durch, daß er nicht mit seinem Vornamen, sondern mit dem Zunamen gerufen wird. Dann gelingt es ihm, als »*Herr* Simmerl« gerufen zu werden, und er erreicht dadurch ein Verhältnis, das von gegenseitiger Höflichkeit und Sorge bestimmt wird. Als »Herr« wird Simmerl sozusagen ein Bestandteil der Herrschaft, und erst so empfindet er die Arbeit im Dienste der Herrschaft als die seine, die aber beiden Seiten ihre vom Gegenteil entlehnten Identifikationsmuster gibt: Herrn Simmerl würde es nicht im Traum einfallen, die *Arbeiterzeitung* zu lesen, doch sein Herr wünscht dies sehr wohl zu tun, weshalb Simmerl widerspricht, als Herr Alt ihm die Besorgung der *Arbeiterzeitung* aufträgt.

Beim Begräbnis Herrn Alts »glich Simmerl in schwarzem, langem Rock, schwarzer Krawatte, schwarzen Handschuhen und schwarzem, hochumflortem Zylinder dem Senior des Hauses.«

Doch das Verhältnis ist nicht nur eines, das den Diener herrschaftlich macht, sondern läßt auch die Herrschaft dem Diener folgen: als nationalsozialistische Schergen die Wohnung von Frau Henriette Alt durchsuchen wollen, läßt Herr Simmerl das nicht zu und wird für die Verteidigung von Frau Alts Geheimnissen vor ihrem Schreibtisch ermordet. Daraufhin stellt sich Frau Alt vor den Schreibtisch, »sie tut das, was der alte Mann ihr vorher gezeigt hat«, und sagt: »Sie werden mit mir dasselbe machen müssen«, worauf auch sie ermordet wird.

Ihr Sohn, Hans Alt, ist in der Firma Alt stets der Vermittler zwischen den Interessen der Arbeiter und den Interessen des Unternehmers, seines Vaters, gewesen. Nach dem Tod seines Vaters hat er die Firma übernommen, allerdings ohne sich als Unternehmer zu fühlen. Einer seiner Arbeiter sagt ihm noch: »Wann's Menschen gibt, die was Vorurteile und Klassenunterschiede wegbringen können – Sie sind einer davon!«

Minuten später wird Hans Alt im Zuge der Arisierung von den Nazis enteignet. Mit seinem Entschluß zum antifaschistischen Widerstand endet diese »Wiener Forsyte-Saga«, wie das Buch von der Kritik genannt worden ist. Der eigentümliche Charakter des Hans Altschen Widerstands ist bezeichnend für die Geschichte Österreichs: Über die Sympathie für soziale Reformen und Freimaurertum ist Hans Alt in einer persönlichen Freundschaft mit Kurt Schuschnigg gelandet, den er nach Zusammenbruch der Monarchie als den Bewahrer »österreichischen Wesens« betrachtet, genauso wie Schuschnigg Hans Alt als einen »wahren Österreicher« bezeichnet. Gegenüber dem Austrofaschismus indifferent, ist Hans Alts Widerstand gegen den Nationalsozialismus, der die Klassenruhe brachial zu erzwingen versuchte, nicht von der Erkenntnis des Wesens des Faschismus getragen, sondern wesentlich ein Reflex auf ihm zugefügtes privates Leid. Er installiert einen Geheimsender, den »österreichischen Freiheitssender«, und überträgt dreimal in der Woche Reden, die in einigen Wiener Bezirken empfangen werden können. Diese Reden kreisen um die »Idee des Österreichischen«: »Das Deutsche und seine Größe setze er keineswegs herab. Nur, sagte er, die großen Eigenschaften der Deutschen seien niemals die der Österreicher gewesen. Niemals würde die eingeborene, eingewurzelte Verschiedenheit zwischen den Völkern schwinden, welche dieselbe Sprache besäßen, um besser zu verstehen, wie verschieden sie wären: Österreich die Mitte, Deutschland das Extrem. Österreich die Andeutung und der Kompromiß, Deutschland die verläßliche Gründlichkeit, doch auch die hektische Herausforderung.« »Sein eigenes Dasein beweise«, sagt Hans Alt, »daß die österreichische Idee die Klassen einander nähere.«

Die Typisierung Hans Alts ergibt sich stringent aus dessen Biographie, die zugleich auch als exemplarisch gelten kann für die Entwicklung Österreichs und seiner Geistesgeschichte: Sie zeigt die als »spezifisch österreichisch« empfundene Tendenz zur Harmonisierung der Klassenwidersprüche, die aber auf keiner begrifflichen Erkenntnis des Wesens der Klassenwidersprüche basiert, sondern auf einer historisch in Österreich herausgebildeten Form ihrer Umgehung; sie zeigt, wie dieses falsche Bewußtsein, dadurch auch unfähig zur Erkenntnis des Wesens des Faschismus, bei einer sympathisierenden Indifferenz gegenüber dem Austrofaschismus landet, der – im Gegensatz zum Nationalsozialismus – bloß als politischer Ausdruck apolitischer, privater Regelungen der gesellschaftlichen Widersprüche – und deshalb als »gut österreichisch« – empfunden wird.

Die einzige Figur in diesem Roman Lothars, die bezüglich der gesellschaftlichen und politischen Entwicklung Österreichs zu Bewußtsein kommt, Hans Alts Freund Ebeseder, wird 1934 zum Tod verurteilt und hingerichtet. Wer eine politische Lösung der gesellschaftlichen Widersprüche intendierte, wurde liquidiert, was an unbestimmter Harmoniesehnsucht blieb, landete bei Dollfuß und Schuschnigg, ohne aber dies als politische Entscheidung zu erkennen.

Die hier skizzierte diffuse »österreichische Idee von der Annäherung der Klassen« – als so eigentümlich dargestelltes Herr-Knecht-Verhältnis ein Topos in der Literatur des habsburgischen Mythos – wird am Beginn der Literatur der

Zweiten Republik immer wieder neu aufgegriffen, zitiert, den nach-habsburgischen Situationen anverwandelt. Der sozusagen klassische Ort, an dem das Herr-Knecht-Problem und seine österreichische Lösung dargestellt wurde, ist »das Schloß«, weshalb das Schloß der Ort wird, den die österreichische Literatur auch in der Zweiten Republik zunächst immer wieder aufsucht: A. P. Gütersloh: *Sonne und Mond*, George Saiko: *Auf dem Floß*, Gerhard Fritsch: *Moos auf den Steinen*, bis herauf noch zu Alfred Kolleritsch: *Die Pfirsichtöter*, um nur einige Beispiele zu nennen. In der kleinen Erzählung Peter Roseis: *Franz und Ich* ist es »der Hof«, wo die »Herrschaft des Knechts«, allerdings als bedrohliches Szenario, angesiedelt wird.

Die soziologischen Wurzeln dieses Topos deutet schon die Literatur des habsburgischen Mythos immer wieder selbst an: Es ist der Einfluß der Ohrenbeichtform auf den gesellschaftlichen Diskurs im katholischen Österreich, der zu jenen Organisationsweisen gesellschaftlicher Widersprüche führt, in denen Macht immer auf den Zuhörenden übergeht und damit, über Mitwisserschaft vermittelt, zur gemeinsamen Macht und zur Macht übereinander wird – allerdings nur im Diskurs.

Der Herr spricht. Er befiehlt, aber er erklärt sich auch, und die Macht geht auf den Zuhörenden, auf den Knecht über. Damit die Macht nun wieder auf den zurückgeht, der sie gesellschaftlich realiter besitzt, muß der Knecht widersprechen. Nun erst, gegen diesen Widerspruch, kann sich der Herr durchsetzen, der Widerspruch des Knechts (Ausdruck von dessen über Mitwisserschaft empfangenen Macht) hat den gesellschaftlichen Widerspruch harmonisiert, der sich nicht mehr im schroffen Gegensatz von Befehl und Ausführung äußern kann, sondern komplex umgeschmiedet ist zur Kette Befehl–Widerspruch–Geständnis–Mitwisserschaft–Verständnis, an der aber der Knecht nur subjektiv leichter zu tragen hat.

Man darf nicht vergessen, daß die österreichische Literatur, die sich nach Zusammenbruch der habsburgischen Monarchie der reminiszenten Ausformulierung jenes habsburgischen Mythos widmete, wie ihn Magris analysierte, und die die Entwicklung der jungen Republik und den Faschismus völlig aus ihrem Bewußtsein ausblendete, dies deshalb tat, weil sie mit den so schroff ausbrechenden Klassenkämpfen nicht zu Rande kam; während ihr mit dem Untergang der Monarchie jenes Klima der Harmonie verloren schien, mit der das alte Österreich alle Brutalität, alle soziale Ungerechtigkeit im geistigen Überbau umsäumt hatte.

Als nun die Repräsentanten beider gesellschaftlicher Lager darangingen, nach den von beiden Seiten als traumatisch empfundenen Klassenkämpfen der Ersten Republik und nach dem gemeinsamen KZ-Erlebnis das Neue Österreich in bewußt modifizierter Wiederbelebung des altösterreichischen harmonistischen Konzepts wiederaufzubauen (Konsenspolitik, Große Koalition, später dann Schaffung der Paritätischen Kommission), tauchte der entsprechende Topos sofort wieder in der österreichischen Literatur auf. Z. B. in George Saikos Roman *Auf dem Floß* (1947): »So verschieden die beiden waren und so unüberbrückbar die Kluft zwischen ihnen sein mochte: was sie füreinander empfanden, läßt sich am ehesten als eine Art tiefer und besonderer, sozusagen organischer Bewunderung bezeichnen. Es war natürlich nicht leicht abzuschätzen, wer für den anderen die größere Bewunderung hegte, Joschko für seine Durchlaucht oder seine Durchlaucht für Joschko, aber manches spricht dafür, daß Joschko zeitlebens mehr von der ungewohnten Umgebung als von der Person seines Herrn beeindruckt blieb. Diese Umgebung warf über ihn das Netz eines nicht immer verständlichen Gehabens, in dessen schwierige Feierlichkeit er seinen Herrn längst verstrickt sah, so daß sich bei Joschko von Anfang an das Gefühl einer gewissen Partnerschaft einstellte, in der er mit seiner Durchlaucht durch zahlreiche, genau aufeinander abgestimmte Obliegenheiten verbunden war. Wirklichen Respekt und etwas wie Angst hatte er nur vor dem Kammerdiener, der dieses Netz nirgends durchbrechbarer Regeln von Tag zu Tag enger zog und über jede seiner Maschen unergründlich Bescheid wußte.«

Der Topos vom so eigentümlich harmonisierten Herr-Knecht-Verhältnis ist das Verbindungsglied zwischen der habsburgischen Literatur und der des Neuen Österreich, er bezeichnet den einzig relevanten literarischen Traditionszusammenhang zwischen der habsburgischen Monarchie und der Zweiten Republik.

Auch Franz Schuh verwies in einem Essay über Österreichideologie darauf, daß »ein gewisses Bild der Monarchie gleichsam als ideologisches Netz der Zweiten Republik erscheint, um alle Abstürze in die Realität abzufangen.« Den Satz Hermann Brochs – daß die Grafen die Allüren von Kutschern und die Kutscher die Allüren von Grafen annahmen – paraphrasierend – »heute ist der Kaiser Kleinbürger und der Kleinbürger Kaiser« – spricht er von »trivialen Leitbildern aus dem Kaiserreich«, die heute »ideologische Muster sind, mit denen die österreichische Kulturindustrie Staat und Gesellschaft mystifiziert«.

Auffällig an der Neufassung dieses Topos, in dem die sozialpartnerschaftliche Ästhetik in nuce angelegt ist, ist zunächst seine formal traditionelle und politisch konservative Präsentation, obwohl Autoren wie Doderer, Fritsch, Habeck und Saiko »literarischen Neuerern« positiv und fördernd gegenüberstanden.

Der formale und politische Konservativismus dieser Autoren erklärt sich teilweise aus ihrer gesellschaftlichen und literarischen Herkunft und aus der harten Restaurationsphase zu Beginn der Zweiten Republik, doch formierte sich dagegen schon – literarischer – Widerstand: bekanntlich durch die Wiener Gruppe und bekanntlich unbekanntlich durch den literarischen Einzelgänger Hermann Schürrer.

Schon Doderer hat den österreichischen Herr-Knecht-Topos inhaltlich aus seiner Fixierung auf »wirkliche« Herren und Diener erlöst und das in diesem Topos ausgedrückte Verhältnis als *Verhältnis von Personen* gestaltet, ohne daß sie – wie eben bei Lothar oder Habeck – darüber hinaus etwas *bedeuten müssen*. Dadurch hat Doderer dieses Verhältnis erst recht als ein allgemeines, also gesellschaftliches begreifbar gemacht: man denke etwa an das Verhältnis zwischen Zihal und Wänzrich im Roman *Die erleuchteten Fenster* (1950). Aber erst die Wiener Gruppe radikalisierte diesen Topos so sehr, daß sozusagen der Gemeinplatz in sein Material zerfiel und in Hinblick auf die geänderten gesellschaftlichen Verhältnisse neu zusammengesetzt werden konnte. Mit der Wiener Gruppe wendete die österreichische Literatur den Blick von den historischen Wurzeln zu den aktuellen Blüten, die die österreichische Ideologie nun mit dem Einsetzen des Wirtschaftswunders so kräftig auszutreiben begann.

Wir haben gesehen, daß die österreichische Organisation von Herrschaftsverhältnissen, also ihre reale Einzementierung bei gleichzeitiger Aufhebung im Bewußtsein (Harmonisierung), wesentlich von einer spezifischen Kommunikationsstruktur zwischen »Herr« und »Knecht« getragen wird, einer Kommunikationsstruktur, die vor allem durch operativen Einsatz von Geständnis (Beichtform) und Mitwisserschaft charakterisiert ist. Das heißt, daß Machtverhältnisse ihre Harmonisierung bei Ausblendung ihrer materiellen Basis durch Fixierung auf die sprachliche Ebene und deren ornamentative Ausgestaltung (Allüren) durchsetzen. Es ist klar, daß bei zunehmender Etablierung dieses verbalen Austragungsmodus von objektiven Widersprüchen, die im Bewußtsein der Beteiligten verschwinden, die Elemente dieser Kommunikation zu operativ einsetzbaren Machtmitteln zwischen Sprechern und Hörern werden und die vorgetragenen Inhalte weitgehend an Bedeutung verlieren. Bedeutsam ist also, *daß* einer sagt, und nicht, *was* er sagt, nicht mehr *was* einer gesteht, verleiht dem anderen Macht, sondern prinzipiell, *daß* er gesteht.

Die Wiener Gruppe hat sich weitgehend auf diesen Materialcharakter der Sprache konzentriert. Wir »benutzten die worte im sinne wittgensteins als werkzeuge (allerdings in erweiterter bedeutung) und waren nicht nur am verhalten der worte in bestimmten sprachsituationen (konstellationen) interessiert (was das im naturwissenschaftlichen sinne experimentelle an unseren versuchen ausmachte) sondern auch an der steuerung konkreter situationen durch den sprachgebrauch«, schrieb Oswald Wiener.

Die Experimente der Wiener Gruppe waren also, wie die Literaturkritik naturgemäß lange nicht begriff oder begreifen wollte, keine formalistischen Rituale, und zwar deshalb nicht, weil sie sich mit dem Funktionieren sozialer Systeme beschäftigten, aber sie waren insofern doch formalistische Rituale, weil diese sozialen Systeme in ihrer Organisationsform zu formalistischen Ritualen geworden sind.

Diese formalistischen Rituale hat die Wiener Gruppe analysiert, indem sie sie in ihre materiellen Bestandteile zerlegte. Diese Bestandteile begannen die Autoren der Wiener Gruppe vorzuführen, zu inszenieren, allerdings mit dem Anspruch, daß die darin verschleierten Machtverhältnisse entdeckbar, bewußt, und daher wieder wirklich werden: »wir waren alle überzeugt davon gewesen, daß wir in einer objektiven wirklichkeit lebten, und daß es, in diesem sinne nannten wir uns ja schließlich dichter, unsere aufgabe war, die sprache zu einer optimalen annäherung an die wirklichkeit zu zwingen« (Oswald Wiener).

Der »Sprachzweifel« (Konrad Bayer sprach etwa davon, daß er noch beim Vorzeigen bloßer Gegenstände landen werde) war – wie in diesem Zusammenhang ersichtlich –

ein begründeter Zweifel daran, daß die sprachliche Harmonisierung von Widersprüchen diese Widersprüche (und damit Macht) tatsächlich ausräumt, zugleich natürlich auch ein Verzweifeln daran, daß Sprache diese Harmonisierung zu leisten imstande ist.

Die »optimale Annäherung der Sprache an die Wirklichkeit« erzwang die Wiener Gruppe durch eine Konfrontation des Rezipienten mit jenem Sprachmaterial in einer Weise, die dem Rezipienten die Widersprüche und ihren Kern, nämlich Macht und Gewalt, nicht vorführte (wie bislang in der »darstellenden Literatur«, die ja durch die anthropomorphisierte Darstellung sozialer Probleme immer auf ein Vorverständnis vom Funktionieren sozialer Systeme verweisen muß), sondern ihn als einen Teil des Widerspruchs in den Konflikt literarisch miteinbezog.

Die Autoren der Wiener Gruppe verstanden sich in ihrem Verhältnis zu den Rezipienten zu Recht zunächst als Herren, nämlich als Herren ihres Werkes, das der Rezipient, der Empfänger der Anweisungen des Werkes, sich aneignen muß, um es sich dienstbar zu machen.

Im *cool manifest* hatte Wiener daher von den Unterzeichnern (den Autoren der Wiener Gruppe) »die enthaltung von stellungnahmen jeder art« gefordert; ein Grundgedanke des Literarischen Cabarets war, »das publikum als schauspieltruppe zu betrachten, und uns selber als die zuschauer«. Alle Macht geht vom Volke aus und auf den Zuschauenden bzw. Zuhörenden (Enthaltung von Stellungnahme jeder Art!) über, der das Sprachmaterial zur Organisierung dieses Machtverhältnisses bloß vorschreibt oder zerstört, um die Macht wieder sichtbar zu machen, »auch ohne die verwirklichung unserer phantasien – maschinengewehre und handgranaten einzusetzen, reinen tisch zu machen im parkett. das publikum als Gegenstand, in allen bedeutungen des wortes.«

Kruntorad schrieb in der von Hilde Spiel herausgegebenen österreichischen Literaturgeschichte treffend, daß die Wiener Gruppe die Kommunikationsstrategie durch die Strategie des Terrors ersetzte, daß sie eine Kunst produzierte, die zur Unterwerfung aufforderte. Was er nicht schrieb: daß diese Unterwerfung Wirklichkeit war, der sich die Wiener Gruppe bloß genähert hatte.

Die Wiener Gruppe hat sozusagen den österreichischen Herr-Knecht-Topos aus der Darstellung in rückständigen literarischen Techniken befreit und damit zum *Prinzip* der österreichischen Literatur gemacht, indem sie die Sprache zu einer Materialsammlung des Herr-Knecht-Verhältnisses auflöste und dieses Verhältnis mit dem Publikum durchspielte. War der Herr-Knecht-Konflikt und seine »österreichische Lösung« bislang ein Topos *in* der österreichischen Literatur, so markiert die Wiener Gruppe gleichsam die »kopernikanische Wende«, nach der dieser Konflikt durch Literatur als ein *Faktum der gesellschaftlichen Realität* sichtbar wurde.

Zwei Autoren, die besonderen Anteil haben an der gegenwärtigen Bedeutung der österreichischen Literatur, schafften ihren literarischen Durchbruch mit einer formal innovativen Rückbindung des Herr-Knecht-Konfliktes in die Literatur, der aber dadurch nicht wieder bloß ein Topos, sondern Gestaltungsprinzip des Textes wurde: Thomas Bernhard mit *Frost* (1963) und Peter Handke mit *Publikumsbeschimpfung* (1965).

Der Roman *Frost* handelt – soweit er eine Handlung im traditionellen Sinn hat – von einem jungen Medizinstudenten, der in ein Dorf geschickt wird, um die Ursachen der Selbstzerstörung des Malers Strauch zu finden und darüber zu berichten.

Gerade das, was die Kritik zunächst bemängelte – »es fehlt jede Motivierung, warum der verschlossene, menschenfeindliche Maler Strauch den fremden Studenten so schnell und restlos zu seinem Vertrauten macht« –, ist in

Wahrheit der qualitativ neue Ausdruck der Entwicklung, die die österreichische Literatur dann insgesamt nehmen sollte. Es ist die *Geständnisprosa*, die das verbale Oszillieren von Machtverhältnissen umfassend zu beschreiben beginnt und dadurch zugleich auch begründet, wie die Machtverhältnisse realiter dadurch unangetastet bleiben. Gerade in der Geständnisliteratur Bernhards zeigt sich deutlich, wie durch die Geständnisse die Konflikte und Differenzen verschwinden und die Protagonisten vordergründig, nämlich im Kommunikationszusammenhang, in eins zusammenfallen. Ihre Egalität ist die der uniformierten Sprache, die zugleich auch verrät, daß Aussagen, die nicht vom Wissen, sondern vom Mitwissen kommen, herrisch machen – bezeichnenderweise auch im Geständnis, das ja ein Antizipieren des Urteils über einen selbst sein will. Diese Sprache drängt zu Urteilen, nicht zu Sehweisen oder Einschätzungen. In Urteilen sind aber Widersprüche immer schon aufgehoben, sie, das Ende stets jedes Verfahrens, werden im Mitwisserschaftsverhältnis zum Apriori, das die Welt regiert, und scheinen sie auch Widerspruch herauszufordern, so doch nur, um zu zeigen, daß es keinen gibt.

Wenn die Kritik also festhielt, bei Bernhard sei egal, wer was sage, wer zu wem spreche, dann schließt Kruntorad falsch, wenn er daraus ableitet: »Die Monologe verhallen ungehört.«

Wie sagte doch der Maler Strauch so treffend: »Man kann nichts tun, ohne daß es publik wird. Auch und vor allem dort wird es publik, wo man Angst hat, es könnte dort publik werden.«

Was verhallt, sind die aggressiv vorgetragenen Unterscheidungsversuche, was bleibt, ist die scheinbare Egalität derer, die ihre Geständnisse austauschen, die Identität der Widersetzlichkeiten, das Verschmelzen aller, die etwas sagen, in einer *herrschenden* Harmonie, und diese ist die entsetzlichste, so Bernhard.

Durch Bernhards hypertrophierten Gebrauch des Verbums »sagen« in allen möglichen Personalformen und Inversionen (»sagte er«, »sagte ich«), beziehungsweise des synonym verwendeten Partikels »so« (»so Karrer zu Oehler«) wird die Geständnisstruktur der Sprache so dominant, daß sie den Inhalt des Gesagten geradezu überlagert. Das ist wohl der Grund, warum die Literaturkritik monierte, daß Bernhard »kein großes Thema« habe und nichts mehr darauf verweise, »daß hier jemand Bestimmter das Wort ergreift«. Aber es ist ja tatsächlich so, daß die *Form* des Geständnisses die Sprechenden viel mehr aneinander angleicht, als sie der jeweilige *Inhalt* der Geständnisse unterscheidet. Nur deshalb kann ja auch die Sozialpartnerschaft funktionieren: weil die, die in ihr verschiedene Standpunkte und Interessen vertreten, durch die ritualisierte Mitwisserschaft längst schon ununterscheidbar geworden sind. Das ist das Geheimnis des apriorischen Kompromisses, genauso wie des apriorischen Urteils in Bernhards Literatur. Was danach folgt, kann nur noch tautologisch sein: Die Unterscheidungsversuche, die *nach* dem Kompromiß kommen, sind ebenso ununterscheidbar. Je grotesker und idiosynkratischer die Sprechweisen der Bernhardschen Figuren werden, desto rettungsloser verlieren sie sich erst recht im Allgemeinen, und je monomanischer sie auf Widersprüchen insistieren, desto geschlossener wird die Einheit des Textes.

Es ist interessanterweise nicht der Literaturkritik oder -wissenschaft, sondern einem anderen österreichischen Dichter, nämlich Peter Handke, aufgefallen, daß alle Personen in Thomas Bernhards Roman *Verstörung* etwas *gestehen*, und daß vor allem der Fürst von Saurau »wie zur Lebensrettung redet«.

Mit der Gestalt des exzessiv beichtenden Fürsten greift auch Bernhard den habsburgischen Herr-Knecht-Topos neu auf, in der der Aristokrat, der Herr, nicht einfach befiehlt und Macht ausübt, sondern sich dem Knecht, dem

Diener, immer auch gleich umfassend anvertraut. Allerdings wird dieser Topos bei Bernhard nicht inhaltlich vorgeführt, sondern in der Sprachstruktur des Textes, in der Sprache des Fürsten aufgelöst. Der Fürst redet alleine, er hat keinen »Knecht« mehr, etwa einen Diener oder einen Verwalter, sondern nur noch »*Bewerber* für einen Verwaltungsposten«. Es ist ja nicht nur die politische Macht der Aristokratie in der Zweiten Republik desavouiert, Macht ist überhaupt nicht mehr sichtbar an eine bestimmte Klasse, geschweige denn an einzelne Personen gebunden, sondern regelt sich über einen allgemeinen gesellschaftlichen Diskurs, der den Kompromissen der großen Interessenorganisationen entspringt. Deswegen redet der Fürst auch »wie zur Lebensrettung«.

In der Sprache des Fürsten sind alle Elemente des klassischen Herr-Knecht-Topos sprachlich aufgehoben: die Apodiktik der Macht, die sich im Geständnis auflöst, um sie zu erhalten; der Hang zum Widerspruch als Allüre, die die eigene Ohnmacht aber hinnimmt und sich daher in völliger Akzeptanz des Gegebenen auflöst; das Zusammenfließen der beiden Momente zu einem Kompromiß, zu einer Identität, der alles identisch wird. Bernhard gestaltet also die besondere Organisationsform des Herr-Knecht-Verhältnisses nicht mehr in einem Verhältnis von zwei Figuren, die diese Dialektik vorführen, wie noch die traditionell erzählende Literatur; aber auch nicht durch Aufbrechen der literarischen Form und Einbeziehung des Rezipienten, mit dem das Herr-Knecht-Verhältnis dann durchgespielt wird, wie es die Wiener Gruppe machte. Eine Referenz daran ist allerdings insofern vorhanden, als die Figur, an die der Fürst seinen Monolog richtet, nichts sagt und nichts kommentiert, wodurch sich der Monolog ebenso unmittelbar an den Leser richtet. Wesentlich ist aber, daß beide Seiten des Verhältnisses, des Widerspruchs, in den Text zurückgenommen sind, deren Dialektik als *Monolog* gestaltet ist – so wie die beiden Seiten des Widerspruchs realiter ja längst verschmolzen sind und eine entsprechende gesellschaftlich allgemeinverbindliche Diskursform hervorgebracht haben, in der die Synthese immer schon enthalten ist.

Natürlich läßt diese Synthese keine wirklichen Identitäten zu, sosehr beim Fürsten auch Innenwelt und Außenwelt identisch werden, aber diese Identitäten sind ihm Verstörungszustände, was eben zeigt: hier ist etwas gestört, hier stimmt etwas nicht. Sie ermöglicht aber auch keinen wirklichen Widerspruch, weil der Widerspruch ja immer schon aufgehoben ist, weshalb auch alle Versuche des Fürsten, Differenzen herzustellen, sich sofort absorbiert zeigen. Aber wenn der Widerspruch ausgeschaltet ist, dann ist es auch der Kampf – wodurch das Überleben aller garantiert erscheint, mögen deren Identitäten sich auch je auflösen. Der um sein Leben redende Fürst hat also sein Leben gerettet, er hat es durch seinen Monolog bewiesen. Daher erscheint dem Fürsten von Saurau nur noch eines als *wirklich* bedrohlich: nämlich eine ganz andere Form des Diskurses: »Wir, mein Sohn und ich«, gesteht er am Ende des Buches, »waren immer unfähig gewesen, ein Gespräch miteinander zu führen. Er hat sich in England so kurze Sätze angewöhnt, eine Redeweise, die schmerzt, die abtötet. Ich habe ihn, denke ich, zu meinem Vernichter erzogen.«

Handkes Stück *Publikumsbeschimpfung* markiert am deutlichsten, wie die Errungenschaften der Wiener Gruppe und die Lehren daraus in die Literatur zurückgeführt und reästhetisiert wurden: Ist etwa Oswald Wieners vergleichbares Stück *Purim, ein Fest*, das wahrscheinlich Pate gestanden hat, tatsächlich *nur am Theater nicht* aufführbar, so ist Handkes Stück bewußte Rückübersetzung der von Wiener beschriebenen Herrschaftsallüren in die Struktur des Theaters.

Wie bei Wieners *Purim* sind in Handkes *Publikumsbeschimpfung* die Zuschauer Teilnehmer des Geschehens.

Während die Zuschauer dies bei Wiener fühlen müssen (bzw. müßten), müssen sie es bei Handke nur hören: »Sie sind nicht Luft für uns. Sie sind uns lebenswichtig, weil Sie anwesend sind. Wir sprechen gerade um Ihrer Anwesenheit willen. Ohne Ihre Anwesenheit werden wir ins Leere sprechen. Sie sind nicht stillschweigend vorausgesetzt. Sie sind nicht die stillschweigend vorausgesetzten Lauscher hinter der Wand.«

Wieners Brachialgewalt wird bei Handke in die Worte zurückgenommen, nicht nur in Schimpfworte, wie der Titel suggeriert, sondern wesentlich in *Aussagesätze*, die im Sprachinstrumentarium von Gewaltverhältnissen, wie schon gesagt wurde, eine zentrale Funktion haben.

Die Aussagesätze in der *Publikumsbeschimpfung* führen vor, wie Geständnisse (»Wir sprechen offen zu Ihnen«) und Mitwisserschaft (»Wir wissen, was Sie sich erwartet haben«) Macht konstituieren, weshalb *erst nach diesen Sätzen*, am Ende des Stückes, die Befehle und Schimpfwörter folgen.

Haben also die Schauspieler daher Macht über die Zuschauer, so verlieren sie sie zugleich wieder durch die Aussagesätze. Die Schauspieler machen die Aussagen, das Publikum hört zu. Daher: »Sie sind die Objekte unserer Worte. Aber Sie sind auch Subjekte.«

Oswald Wieners Stück ist rabiater. Jene Szene im zweiten Literarischen Cabaret (1959) der Wiener Gruppe, als das Ensemble auf drei Stuhlreihen auf der abgedunkelten Bühne saß und das Publikum im erleuchteten Zuschauerraum interessiert durch Operngucker betrachtete, war sicherlich gewalttätiger. Aber Handke gestaltete das Funktionieren des Macht*verhältnisses*, er zeigt, wie der Machtlose sich Macht *herausnehmen* kann, dies allerdings nur im Einverständnis damit, daß er sie *nicht erringt*, weshalb die Schauspieler dem Publikum sagen, daß sie ohne es nichts wären und die Zuschauer die Subjekte sind. Tatsächlich ist das Verhältnis von

Zuschauern und Schauspielern das von Herren und Knechten: Die Zuschauer zahlen, der Schauspieler springt. Während die Zuschauer sich in ihrer Muße befinden, müssen die Schauspieler arbeiten, und sie müssen sich anstrengen, die Gunst der Zuschauer zu erhalten (so oder so: durch Befriedigung ihrer Erwartung oder durch befriedigende Enttäuschung ihrer Erwartung), damit sie wiederkommen. Im Theater läßt sich das Herr-Knecht-Verhältnis tatsächlich durchspielen, ohne auf Bedeutungen außerhalb zu verweisen. Doch während die Wiener Gruppe, auf der verdunkelten Bühne sitzend, in den erleuchteten Zuschauerraum blickend, die Umkehrung des Verhältnisses spielte, um es aufzubrechen, zeigte Handke die reale Scheinumkehrung dieses Verhältnisses, die ziellosen Schimpfwörter am Ende des Stückes sind jene Allüren, die sich die Schauspieler herausnehmen dürfen, nachdem sie offen ihre Aussagen gemacht haben, die ja bekanntlich wieder gegen sie verwendet werden können. Und der Zuschauerraum der beschimpften Herren und die Bühne der herrischen Knechte waren gleichermaßen beleuchtet, *in mildes Licht getaucht*: »Die Helligkeit hier und dort ist ungefähr gleich, von einer Stärke, die den Augen nicht weh tut.«

In seinem Stück *Kaspar* hat Handke weiter Sprache als Herrschaftsinstrument dargestellt und im Stück *Das Mündel will Vormund sein* Körpersprache als Ausdruck von Herrschaft und Knechtschaft: Das Mündel stockt z. B. beim Verzehr eines Apfels, als es merkt, daß der Vormund zusieht, als es weiß, daß der Vormund weiß, daß es einen Apfel ißt. Handke stellt in diesen beiden Stücken wieder beide Seiten des Herr-Knecht-Verhältnisses auf die Bühne, aber bezieht die Zuschauer nicht mehr mit ein, abgesehen davon, daß deren Mitwisserschaft mitspielt. Dadurch hat Handke das Herr-Knecht-Verhältnis wieder völlig reästhetisiert und harmonisiert, wobei aber diese Harmonie als unsinnige, als unstimmige dargestellt wird: Am Ende des Stückes hat das

Mündel die Arbeitshose abgestreift – und läßt Sand in eine Badewanne fallen. Dieses Bad ist mit keinem Kinde mehr ausschüttbar, will sagen, der Knecht ohne Arbeitshose (ohne Knechtbewußtsein) ist zu keinen radikalen Lösungen mehr fähig, sondern nur noch zu unstimmigen. Handke ist tatsächlich »eine sensible Sonde, die gleich dem Ausschlag eines Instruments den Zustand eines Systems beschreibt« (Michael Springer). Diese Sensibilität hat Handke, wie leicht nachlesbar ist, in seiner weiteren Entwicklung radikalisiert.

Der radikalen, immer umfassenderen Harmonisierung des Systems hat er eine immer radikalere Sensibilität gegenübergestellt, hat jene in dieser immer radikaler aufgehoben. Die Entwicklung Handkes war nicht so sprunghaft, wie es der Kritik erschien, die ihn zunächst als Formalisten sah, und dann seine »plötzliche Rückkehr zum Erzählen« feststellte. Sein Formalismus war kein ritueller, weil er sich, wie wir schon bei der Wiener Gruppe festgehalten haben, mit dem Funktionieren sozialer Systeme auseinandersetzte, und seine »Rückkehr« zum Erzählen bzw. zu einem Theater, »in dem die Bretter wieder die Welt bedeuten«, ist keine Rückkehr zu jenem »Realismus«, der bloß auf ein Vorverständnis vom Funktionieren sozialer Systeme verweist.

Er hat das Material der Wiener Gruppe formal innovativ reästhetisiert, schrittweise beginnend und daher als Formalist erscheinend, hat er sich sorgfältig immer weitergetastet, sorgfältig, um die »Nähe zur Wirklichkeit«, der sich die Wiener Gruppe »optimal genähert« hatte, nicht zu verlieren, während er sich am Weg in die völlige Ästhetisierung der Wirklichkeit so weit von ihr entfernte, wie notwendig war, um ein Gegenbild zur Wirklichkeit mitzuschaffen, d.h. das Defizit der Wirklichkeit mitzugestalten. In seiner Erzählung *Langsame Heimkehr* ist die totale Harmonisierung, die das System betreibt, der begründete Zweifel an der Stimmigkeit dieser Harmonisierung, wie auch die wirkliche Harmoniesehnsucht des Menschen gleichermaßen aufgehoben.

Die Erzählung beginnt mit den Sätzen: »Sorger hatte schon einige ihm nah gekommene Menschen überlebt und empfand keine Sehnsucht mehr, doch oft eine selbstlose Daseinslust und zuzeiten ein animalisch gewordenes Bedürfnis nach Heil. Einerseits zu einer stillen Harmonie fähig, welche als eine heitere Macht sich auch auf andere übertrug, dann wieder zu kränkbar von den übermächtigen Tatsachen, kannte er die Verlorenheit, wollte die Verantwortung und war durchdrungen von der Suche nach Formen.« Sie endet mit dem Bild vom »Paradies dieses Abends«, an dessen Gestaltung Sorger sich »beinahe sehnsüchtig anschließen wollte«, wäre er nicht immer auch »gefolgt von einem bleichen, lautlosen Blitzstrahl, in welchem das so stark Ersehnte leicht, fast sanft wiederum von ihm wegrückte und dabei vor sich die Leere eines erdumspannenden Todesstreifen zeitigte, der ihn schwächte und jäh in sich zurücktaumeln ließ.«

Die Ambivalenz jenes Endzeitzustandes der Sozialpartnerschaft, dieses bürgerlichen Geschichtszieles, das die totale Harmonie durchsetzt, ohne die Konfliktursachen zu beseitigen, dieses »Paradies« hat Handke in seiner Erzählung verdichtet. Nach diesem Paradies scheint wahrlich nichts mehr kommen zu können: »Kurz hattest Du, Sorger, da die Vorstellung, daß die Geschichte der Menschheit bald vollendet sein würde, harmonisch und ohne Schrecken. Ja, es gab die Gnade. (Oder?)«

Aber es kommt doch noch etwas danach, denn die Konfliktursachen sind ja nicht tatsächlich ausgeräumt. (Oder?)

Es mag erstaunen, daß Dichter, die die avancierteste Form zur Beschreibung und Kritik von Herrschaftsverhältnissen entwickelt haben, gleichzeitig völlig entpolitisiert scheinen, oder, so sie sich explizit politisch äußern, einen deutlichen Hang zu politisch konservativen Positionen haben. Zweifellos ist es aber so, daß der politische Konservativismus im Expliziten durch den formal weit fortgeschrittenen ästhetischen Avantgardismus der Form listig-vernünftig aufgehoben wird, entsprechend der österreichischen Situation, die, wie bereits gesagt, charakterisiert ist durch relative ökonomische Zurückgebliebenheit bei gleichzeitig weit fortgeschrittenem organisatorischen Avantgardismus (Sozialpartnerschaft).

Umgekehrt sind jene Autoren, die mit dem Anspruch angetreten sind, eine politisch explizit fortschrittliche Literatur zu machen, letztlich an der Rückständigkeit ihrer Techniken gescheitert – sogar Michael Scharang, der ja auch als kunsttheoretisch versiert gilt und sich in formal avancierteren Texten versucht hat. Aber wenn Scharang im *Charly Traktor* seine Kritik an der Sozialpartnerschaft dem Hauptheldenin den Mund legen muß, um sie mitteilen zu können (»Sozialpartnerschaft, wenn ich das schon höre!, sagt Charly Traktor«), dann ist das natürlich ein hilfloser Versuch, das Defizit einer Erzählweise auszugleichen, die die Kritik an der Sozialpartnerschaft künstlerisch nicht zu gestalten vermag. Wir haben schon darauf hingewiesen, daß der sozialpartnerschaftliche Geist Harmoniekonzeptionen mit im wesentlichen nichtöffentlichem, nichtdemokratischem Charakter im gesellschaftlichen Überbau durchsetzt. Diese antidemokratische, antiöffentliche Struktur im österreichischen Überbau (die vor allem aus der wachsenden Funktionslosigkeit des Parlaments unter sozialpartnerschaftlichen Voraussetzungen entsteht) legt der österreichischen Literatur nicht nur Entpolitisierung bzw. expliziten Konservativismus nahe, sondern drückt sich auch in einer *Apotheose des Ich* aus, die ein ästhetisches Strukturmerkmal der österreichischen Literatur und unter dem Begriff »Innerlichkeit« zum literarischen Markenzeichen wurde. Wolfgang Pircher verwies darauf, daß die aus der Sozialpartnerschaft folgende »weitgehende Undurchschaubarkeit und Anonymität des politischen Handlungsgefüges«, das Verschwinden »der handelnden Subjekte hinter dem bürokratischen Schleier der scheinbaren Sachgesetzlichkeit«, den Einzelnen »unmittelbar nur den Rückzug in die Innerlichkeit erlaubt«.

»Innerlichkeit« ist ein sicherlich treffender, jedoch auch sehr vager Begriff, bezeichnet er doch lediglich ziemlich allgemein eine geistige und psychische Haltung von Menschen, die isoliert und apathisch übermächtigen politischen Apparaten gegenüberstehen – ohne näher die Spezifika des politischen Apparates und auch des Verhältnisses zu diesem zu konkretisieren. Nicht zuletzt ist es z. B. auch in der BRD in den siebziger Jahren als Reaktion auf die forcierte Entwicklung eines »starken Staates« – der sich nicht wie in Österreich durch einen hohen Grad an institutionalisierter Konfliktharmonisierung charakterisiert, sondern im Gegenteil durch eine offensive Aggressivität bei der Konfliktaustragung – zu einem massenhaften Rückzug der Einzelnen in die »Innerlichkeit« gekommen, was sich auch in einer literarischen Welle mit dem Markenzeichen »Neue Innerlichkeit« ausdrückte, die einige Zeit in der Literaturkritik als einzige Gegenwartsströmung galt, die die gesellschaftliche Wirklichkeit in der BRD adäquat repräsentiere.

Es ist jedoch bezeichnend, daß die Form- und Stilprinzipien für diese Welle in der BRD von österreichischen Autoren vorgegeben wurden, da der Hang zur Innerlichkeit in Österreich eine längere Tradition besaß, Folge einer gesellschaftlich umfassenderen Entwicklung war.

Die literarischen Vorlagen der österreichischen Autoren konnten daher diese Welle vorwegnehmen bzw. einleiten, ohne auch nur annähernd in irgendeiner literarischen Gattung in Tiefe, Gekonntheit und Absolutheit der Werke von BRD-Autoren, die einfach relativ rasch auf eine aktuelle Situation literarisch reagierten, jemals eingeholt zu werden. Es gibt – um nur ein Beispiel zu nennen – kein Gedicht aus den gewiß unzähligen Werken jener Lyriker, die in der Bundesrepublik Deutschland »Neue Innerlichkeit« produziert hatten, das etwa an Handkes »Blaues Gedicht« heranreicht. Dazu kommt, daß in der BRD die Innerlichkeitsliteratur nur eine unter vielen literarischen Bestrebungen und Konzeptionen blieb, in Opposition dazu standen etwa die »Werkkreise der Literatur der Arbeitswelt«, die sich ebenfalls durchsetzten, während in Österreich schüchterne und einfache Versuche dieser Art wie eben der »Arbeitskreis der Literaturproduzenten« bald spurlos verschwunden waren.

Der für Österreich konstatierte allgemeine und daher auch literarische »Rückzug in die Innerlichkeit« unterscheidet sich von der literarischen Welle in der BRD im wesentlichen also dadurch, daß er auf einer längeren und umfassenderen gesellschaftlichen Entwicklung beruht und nicht verschreckter Ausdruck von Individuen ist, die angesichts eines plötzlich deutlich übermächtig aggressiv werdenden Staatsapparates den Rückzug antreten und ihre vormals radikaldemokratischen Ansprüche einspinnen, sondern allgemeiner Ausdruck der allgemeinen gesellschaftlichen Apathie, die aus der Ahnungslosigkeit gegenüber dem politischen Gefüge und dem Gefühl seiner »Naturgegebenheit« abseits von einem selbst kommt. Ein solch allgemeiner literarischer Ausdruck einer gesellschaftlich umfassenden mentalen Situation ist daher auch weitgehend ohne Alternative, hat keine Veranlassung, mit anderen Konzeptionen zu konkurrieren, in die Quere zu schießen, und geht folglich immer mehr in die Tiefe.

Dieses Ich also, so trotzig wie wehleidig, gewiß auch eine Restauration des bürgerlichen literarischen Individuums, zugleich aber auch eine utopische Wiederherstellung des von der fortgeschrittenen bürgerlichen Gesellschaft de facto desavouierten Ich, blickt nicht nur in sein Inneres, sondern sich auch um in einer Umwelt, die radikal in Splitter zu zerfallen scheint und doch wieder so harmonistisch verkleistert wirkt – wie es der sozialpartnerschaftliche Oberbau dem Betrachter suggeriert.

Natürlich besteht dabei immer auch die Gefahr, daß der Blick des literarischen Ich auf die Welt deren Schein bloß ästhetisch reproduziert. Diese Gefahr ist eigentümlicherweise dort am größten, wo der Blick sich in größtmögliche Genauigkeit zu steigern versucht – und sich daher wieder in einer Emphase der Details und in Partikularitäten verliert, die in der Gestaltung kaum mehr sinnvoll aufgehoben werden können.

»Auf der dämmrigen Siedlungsstraße ging ein junges Mädchen mit einer blauen Pluderhose geradeaus, auf das letzte Himmelsgelb zu. Aus einem Querweg bog eine ältere Frau auf dem Fahrrad, mit der gefüllten Milchkanne in der Hand (im Torfgebiet gibt es vereinzelte Bauernhöfe). Ein alter Mann ging von seiner Haustür zum Gartentor und zurück, wobei er auf dem Hinweg die Brille auswechselte und sich auf dem Rückweg den Puls befühlte.« Dies alles hat natürlich weiters keine Bedeutung, außer vielleicht der, daß man diese Bewegung endlos fortsetzen kann, ohne daß es je ein Ganzes wird: »Im Zimmerwinkel rollte ein Staubknäuel, von der Stehlampe beleuchtet, vor und zurück, und am Himmel strahlte noch ein Kondensstreifen in der Sonne, gezogen von einem blinkenden Metallstift. Auf dem Grund des Kanals trieben die Moosklumpen. Ein Rehrudel übersprang den Entwässerungsgraben einer Torfwiese.«

Diese Summe von Splittern und beliebigen Einzelheiten (beliebig, weil von zufälligen Momenten des Wahrnehmens abhängig; am Tag zuvor sah er vielleicht statt eines Staubknäuels ein Spinnennetz im Zimmerwinkel, und das junge Mädchen geht vielleicht jeden Tag auf der Siedlungsstraße, nur am Vortag eben statt mit blauer Pluderhose auf das letzte Himmelsgelb zu, mit gelber Cordhose auf das letzte Himmelsblau zu! Es wäre für den Text bedeutungslos!) muß das Individuum ununterbrochen auf sich rückbeziehen, um einen Zusammenhang zu stiften, den die Außenwelt nicht hat.

Diese Versuche, sich selbst zur gesellschaftlichen Synthesis zu machen, lösen Gefühle und Meinungen aus: »Als ich einen ländlichen Tabakladen betrat, sah ich dort eine Todesanzeige angeheftet – und unter der Todesanzeige lag ein verdreckter, verschrumpelter Lederhandschuh: der Lederhandschuh, das werde bald ich sein, fuhr es mir sofort kalt in das Herz.« »Und ich sah kürzlich in einem Hausflur eine leere Plastiktragetasche mit der Aufschrift ›Frische Hafermastgänse aus Polen‹. [...] Ich fühlte mich auf einmal ungeheuer geborgen, als ich es las.«

Doch der absurde Versuch, eine individuelle Synthesis stiften zu wollen, muß natürlich scheitern, es zerfällt alles erst recht in Einzelheiten, die Gefühle entpuppen sich als austauschbar: »Ich möchte Dich hassen und hasse Kunstleder / Du möchtest mich hassen und haßt den Nebel«. Die Meinungen erweisen sich als beliebig und ohne sinn- und zusammenhangstiftende Macht.

Deshalb müssen die Individuen die Phänomene auslöschen oder sich selbst, so wie Quitt, der so lange mit dem Kopf gegen eine Felswand rennt, bis er liegenbleibt, oder sie müssen in einen Schwebezustand eintreten, wie Loser, der das Problem hinter einer jähen Tat verschwinden läßt, und Zusammenhang durch »eine eigene Geschichte« ersetzt, die er nun hat.

Eine »eigene Geschichte« hat allerdings nur einen Sinn, wenn es eine allgemeine gibt; aber diese scheint mit der Sozialpartnerschaft nicht nur an ihrem Ziel, an ihrem Ende angekommen zu sein, sondern ist überhaupt, auch als Wissen von Geschichte und als historisches Bewußtsein, verschwunden. Es gibt daher in den Romanen Handkes oder Bernhards grundsätzlich keine Konkretisierung des historischen Moments, in dem diese Romane handeln.

Die jeweilige Romanzeit, die darin sich entfaltenden Ereignisse und Probleme und die Protagonisten des Romans scheinen von einer realen historischen Gewordenheit weder tangiert, noch zeigen sie sich an realen historischen Ereignissen interessiert. Wenn, was selten der Fall ist, eine Jahreszahl genannt wird, dann in pseudokonkreter Manier, deren Bedeutung im Text ihre historische Bedeutung völlig ausblendet: 1919 ist zum Beispiel in Bernhards Roman *Verstörung* lediglich das Jahr, in dem bei einer »Fronleichnamsprozession in Köflach« die »Frau Oberlehrer Ebenhöh« ihren Mann zum ersten Mal getroffen hat.

Historische Ereignisse oder allgemeine gesellschaftliche Entwicklungen, die in das Leben der Romanfiguren hineinwirken, gibt es nicht. Es wird eine enthistorisierte Meta-Zeit konstruiert, in der sich etwa in der Abfolge nicht näher datierter Tage (z. B.: »Erster Tag«, »Zweiter Tag«, »Dritter Tag« etc. als Kapitelüberschriften) eine Reihe historisch nicht konkretisierbarer, oft geradezu archaisch anmutender Begebenheiten ereignen. Diese Zeit vergeht im Rhythmus einfacher temporaler Konjunktionen – »später«, »und dann«, »oft«, »tagelang«, »monatelang« etc. –, die dadurch, daß sie eben nicht näher bestimmt sind und auf keine konkrete Zeit verweisen, einen Stillstand der Geschichte suggerieren, in dem »jetzt« und »immer« identisch wurden: »Es ist noch nicht Nacht. Im ganzen Stadtbereich sind die Lichter wie üblich früh angegangen.«

Die Zeiten ändern sich in Ermangelung allgemeiner Entwicklungen oft abrupt und ausschließlich privat, im ganzen bleibt alles beim alten, nur erhält die Ewigkeit im Empfinden des Einzelnen ein neues Element: »Hier, in der Höllerschen Dachkammer hatte ich plötzlich Zugang zu jenen Gedanken gefunden, die mir die ganzen Jahrzehnte vor der Dachkammer versperrt gewesen waren.«

Der »Lehrer für alte Sprachen«, Andreas Loser, stößt eines Tages – »vor ein paar Tagen« – ohne näher bezeichneten Grund, es war ein »jäher Impuls«, auf der Straße einen

Passanten nieder. Daraufhin unterrichtet er nicht mehr, worauf aber erst recht »alles in der Schwebe ist«.

Diese abrupten Wechsel implizieren aber keine Entwicklung. Es kann keine Entwicklung geben, wo es keine Geschichte gibt. Die jähen Wechsel sind nur Wechsel von einem statischen Zustand in den anderen. Diese Zustände sind Varianten des Todes. Handkes Figuren haben kein Leben vor dem Tode, Bernhard zeigt, daß es auch nach dem Tod keines gibt: Wer mit einem Nachleben spekuliert hat, muß »korrigiert«, sein Nachlaß vernichtet, alles hinweggespült werden in einem Strom des Räsonierens, in dem »alles vernichtet wird, um dann endgültig zu sein«. Ein tautologischer Akt allerdings, da ja schon vorher alles endgültig war.

Die künstlerische Rettung aus dieser Gefahr, daß nämlich die ästhetische Annäherung an die Wirklichkeit immer auch gleich deren Verdoppelung zu werden droht, gelingt dort, wo diese Annäherung gleichzeitig auf ihrer Distanzierung von der Wirklichkeit besteht und den Widerspruch zwischen der Zersplitterung der Welt und ihrer harmonistischen Verkleisterung als repressiven Druck gestaltet, der auf dem Individuum lastet. Dabei wird Grundsätzliches im Vortrag der Beliebigkeiten freigelegt und erkennbar gemacht. Man kann dies bei Handke besonders deutlich in *Die Angst des Tormanns beim Elfmeter* (1973) oder in *Die falsche Bewegung* (1975) sehen.

Exemplarisch in der *Falschen Bewegung* auch wieder die Bedeutung des Geständnisses, wobei es die Unvermitteltheit der Geständnisse ist, die diese als *Prinzip* der Diskursformen in Österreich ausweist, etwa wenn der Hausherr zu den Hauptfiguren der Erzählung, die irrtümlich in sein Haus gekommen sind und die ihm daher völlig fremd sind, unvermittelt sagt: »Ich möchte von der Einsamkeit sprechen. Ich glaube meistens, es gibt sie gar nicht. Sie ist vielmehr ein künstliches, von außen erzeugtes Gefühl. Einmal saß ich hier im Zimmer« etc. Die Zersplitterung der Welt und die Sehnsucht nach Erlösung werden als ursächlich verbunden gezeigt, die Geständnisse als hilflos, dort, wo sie nicht Macht und Unterwerfung im Anschein des Verständnisses und der Harmonie, sondern tatsächliches Verständnis und wirkliche Harmonie intendieren.

Der Hausherr: »Es hat mich gerührt, Sie anzusehen, wie Sie mir zugehört haben.« Am nächsten Tage schießt sich der Hausherr mit dem Gewehr in den Mund.

Diese Gestaltungsmerkmale lassen sich noch deutlicher am Beispiel eines Autors zeigen, der, in den Widersprüchen der sozialpartnerschaftlichen Ästhetik gefangen und sich darin verstrickend, künstlerisch scheiterte: Gerhard Roth. 1972 veröffentlichte Roth gleich vier Romane: zunächst im Frühjahr *die autobiographie des albert einstein;* und im Herbst *Künstel, Der Ausbruch des Ersten Weltkrieges*, und *How to be a detective*, gesammelt veröffentlicht in einem schmalen Band mit dem Titel: Der *Ausbruch des Ersten Weltkrieges und andere Romane*. All diese »Romane« sind gekennzeichnet durch die bloße Aneinanderreihung zerrissener Einzelheiten, verstreuter Beobachtungs- und Gedankenfetzen. Zum Beispiel *Künstel*: Vorwort (3 Zeilen); nächste Seite: 1. Kapitel (7 Zeilen); nächste Seite: 2. Kapitel (9 Zeilen); nächste Seite: 3. Kapitel (5 Zeilen) usw. Selbst diese Fetzen bestehen bloß aus unzusammenhängenden Einzelheiten: z. B. das erste Kapitel »Künstel erwacht« lautet: »Die Taschenuhr hatte aufgehört zu ticken. Das Zifferblatt hatte eine seidiggelbe Farbe. Wie spät mochte es sein. Er las die Zeitungsausschnitte, die auf dem Tisch verstreut lagen. *Sein Atem strömte mit der Wärme seiner Eingeweide aus seinem Inneren.* Die Garderobe, an der sein Mantel hing, war grün tapeziert.« Die ersten Informationen über die Hauptfigur des Romans sind beliebige Einzelheiten auf sieben Zeilen, die nicht einmal diesen sieben Zeilen einen inneren Zusammenhang geben. Besonders willkürlich auch, daß der Satz, der dem Autor selbst offensichtlich als besonders literarisch erschien, durch Kursivsetzung hervorgehoben wird, vielleicht um dem beiläufig sich zerstreuenden Rezipienten entgegenzukommen, der, wenn er den »literarischen Gehalt« des Werkes in kürzester Zeit kennenlernen will, bloß die kursiv gedruckten Sätze zu lesen braucht? Interessanterweise gibt es aber in den restlichen 47 Kapiteln keinen weiteren kursiv gesetzten Satz mehr. Nach den aneinandergereihten Beliebigkeiten des ersten Kapitels geht es im zweiten Kapitel, »Was Künstel auffällt«, in der gleichen Art weiter: »Als er das Geschäftsschild betrachtete, stellte er fest, daß ein Buchstabe ausgebrochen war. Durch die Auslagenscheibe glotzte der Fleischer mit blutiger Schürze. Künstel bewunderte die roten Kiemenbläschen, die rhythmisch aus seinen Ohren stießen. Ein schwarzgekleideter Herr mit einer Blume im Knopfloch sprang von der vorbeifahrenden Straßenbahn. Wenn Künstel die Hand hob, konnte er den Samt des Himmels mit den Fingerspitzen fühlen.«

Auch die anderen Romane sind in derselben Fetzentechnik geschrieben, die jeweiligen Modifikationen sind marginal: in *how to be a detective* heißen die einzelnen Teile nicht »Kapitel« wie in *Künstel*, sondern »Fortsetzungen«, beim *Ausbruch des Ersten Weltkrieges* sind sie einfach numeriert.

Zwei Jahre später veröffentlichte Roth den Roman *Der große Horizont* und wies damit jene Entwicklung aus, die die Literaturkritik von ihm gefordert hatte: Er »möge längeren Atem beweisen«. Tatsächlich sind die einzelnen Fetzen im *Großen Horizont* länger geworden, erstrecken sich sogar manchmal über zwei bis drei, selten sogar über vier Seiten, und sind noch dazu in fünf große Überkapitel geordnet, die es zusammen gar auf über 200 Seiten bringen.

Gleich am Beginn des Romans läßt sich jedoch ablesen, daß Roth lediglich die Scheinkomposition zerstreuter Beliebigkeiten technisch zu verbessern gelernt hatte und sonst nichts: »I. Daniel Haid, ein Mann mit poetischen und hypochondrischen Gefühlen, war 38 Jahre alt und Besitzer einer Buchhandlung.« Gleich der erste Satz verbindet ganz unterschiedliche Informationen, ohne sie näher zu bestimmen, geschweige denn, sie in ihrem Zusammenhang auszuweisen. Was sind poetische, was sind hypochondrische Gefühle? Inwiefern hat er sie, wie äußern sie sich? Sonst kennt er keine Gefühle? Was haben sie damit zu tun, daß er 38 Jahre alt und Besitzer einer Buchhandlung ist? Hat er poetische, weil Buchhändler, und hypochondrische, weil 38 Jahre alt? Man erfährt es nicht, denn es geht weiter mit dem Satz: »Er saß am Vorabend seiner Abreise nach Amerika am Schreibtisch und blätterte in den Notizen, die er sich im Lauf der Zeit gemacht hatte.« Hat er vielleicht poetische und hypochondrische Gefühle, weil er am nächsten Tag eine größere Reise antreten sollte? Blätterte er in den Notizen, weil er abreiste? Was haben die Notizen mit seiner Reise oder seinen Gefühlen zu tun? Oder blätterte er bloß zufällig am Vorabend seiner Reise in diesen Notizen? Oder sind diese Notizen Ergüsse seiner poetischen Gefühle, und bekommt er jetzt hypochondrische, weil er sie liest? »Über den botanischen Bau von Pflanzen, Anmerkungen zur Lektüre von *Niels Lyhne* und zur Prosa der deutschen Romantiker, über den Sprung einer Katze aus dem Fenster und seine Gedanken über biologische Ernährung.«

Die Notizen entpuppen sich als ein Sammelsurium von unzusammenhängenden Einzelheiten, ihr Autor als Doppelgänger des Romanautors, der seinen »Romanhelden« auch nur durch ein Sammelsurium von unzusammenhängenden Einzelheiten vorstellen kann. Besonders deutlich zeigt die nächste Passage den Scheincharakter, mit dem hier Zusammenhänge und Komposition bloß vorgetäuscht werden: »Es hatte eine Zeit gegeben, da er sich mit biologischer Ernährung beschäftigt hatte, vor allem durch seine Frau angeregt, von der er seit kurzem geschieden war. Seine Beziehung zu Frauen war zwiespältig. Er interessierte sich für sie, aber sobald er länger mit ihnen zusammen war, empfand er sie als Belastung.«

Der erste Satz dieser Passage knüpft erklärend an den Schluß des Davorstehenden an, nämlich an die Notizen über biologische Ernährung. Sie rührten, wie man nun erfährt, daher, daß er sich einmal mit biologischer Ernährung beschäftigt hatte. Dürfen wir also annehmen, daß er sich auch mit dem botanischen Bau von Pflanzen, mit Niels Lyhne, den deutschen Romantikern und mit dem Springen von Katzen aus Fenstern beschäftigt hatte? Es wird nicht mehr extra erwähnt. Der doppelte Hinweis auf die biologische Ernährung ist inhaltlich völlig unwichtig, wichtig ist vielmehr »seine Frau«, zu der Roth irgendwie kommen mußte, ohne wie in seinen früheren Romanen gleich eine neue Seite und ein neues Kapitel zu beginnen: also wurde Haid zur Beschäftigung mit biologischer Ernährung »durch seine Frau angeregt, von der er seit kurzem geschieden war.« So ist also Roth, um die Information geben zu können, daß der Romanheld geschieden ist, nichts anderes eingefallen, als zuvor eine ganz andere Information, die er schon gegeben hatte, zu wiederholen. Aber dadurch hat er, über diese Tollpatschigkeit hinaus, die Information, daß Haid geschieden ist, mit der dazu hinleitenden doppelten Erwähnung der »biologischen Ernährung« gewiß unbeabsichtigt eng, ja – was die Textstruktur betrifft – geradezu kausal verknüpft.

Roth glaubt geschrieben zu haben: Haid hat sich einmal mit biologischer Ernährung beschäftigt. Dazu hat ihn seine Frau angeregt. Von dieser ist er seit kurzem geschieden. – Das Mißverständnis, daß Haid von seiner Frau möglicherweise deshalb geschieden ist, weil sie ihn zu biologischer Ernährung angeregt hatte, wird aber nicht ausgeräumt, denn die Tatsache, daß Roth das Wort »Frau« geschrieben hat, veranlaßt ihn, sofort im nächsten Satz über Haids »Beziehung zu Frauen« zu räsonieren. Allerdings nicht über die zur Geschiedenen, von der ist Haid ja geschieden. Also über die zu allen. Wie sehr Roths Sprache sich der Identität von allem und nichts ungeformt hat, zeigt dieser Übergang: von einer Frau zu allen Frauen, und alle sind in jeweils einer und eben doch nicht; denn: nicht wenn er länger mit einer zusammen war, empfand er sie als Belastung, sondern wenn er »länger mit ihnen [also mit allen] zusammen war, empfand er sie als Belastung.« Diese Identität von allem und nichts ist, wie wir schon gesehen haben, gewiß ein Charakteristikum der österreichischen Gegenwartsliteratur, allerdings ist Roths Technik – im Gegensatz zu den Techniken der Wiener Gruppe, Bernhards und Handkes apologetisch, und das gleich doppelt: Sie reproduziert die radikale Zersplitterung einer sich in Zerstreuung verlierenden Welt, der das Bewußtsein von der gesellschaftlichen Synthesis abhanden kam, und vermag sie nicht in künstlerischer Gestaltung aufzuheben. Gleichzeitig reproduziert sie den ideologischen Schein des Zusammenhanges, den die Sozialpartnerschaft durch die Harmonisierung der Gegensätze produziert, und vermag ihn nicht zu zerstören.

Die von Roth praktizierte Verklitterung von verstreuten Informationssplittern, die als Sammlung individueller Eindrücke zuverlässige Abbildung suggerieren sollen, ist jene Form literarischer Zuverlässigkeit, die heute längst als Fassadenreportage zum Geschäft der Presse geworden ist. Vergleichen wir die zitierten Sätze über den Buchhändler Haid mit folgender Passage: »Die passionierte Tiefseetaucherin, Reisende aus Leidenschaft, Jugendstilsammlerin und Hobbymalerin, die Mozart liebt, weil ihr die Musik in ihrer Traurigkeit so gut tut, behauptet: ich bin von glücklichem Naturell!«

Die traurige Dame mit dem glücklichen Naturell ist nicht die geschiedene Gattin des Buchhändlers Haid, beschrieben von Gerhard Roth, sondern die Schauspielerin Andrea Jonasson in einer *Kronen Zeitung*-Reportage, beschrieben vom Journalisten Peter Kupfer.

Der Journalismus, der dieses Handwerk zwar auch nicht versteht, aber zumindest beherrscht, bemängelt als Literaturkritik daher immer wieder die Ähnlichkeit dieser Form österreichischer Literatur mit der eigenen Praxis, da sie sich zu Recht von der Literatur etwas anderes erwartet als das, was der Journalismus ohnehin selbst produziert.

Es ist vor allem diese Literatur, die wesentlich in den siebziger Jahren »groß geworden« ist, als der Geist der Sozialpartnerschaft schon in die letzten Freiräume des österreichischen Überbaus einzudringen begann, die sich heillos affirmativ in der sozialpartnerschaftlichen Ästhetik verstrickt, indem sie die entwickelten literarischen Formstrukturen zu kunstlosen Techniken ohne Widerhaken glättete und eine Splitterliteratur produzierte, die die radikale Partikularisierung sozialpartnerschaftlich geprägten Bewußtseins nicht in Gestaltung aufheben kann, sondern nur formal reproduziert; eine Geständnisliteratur, die nicht Herrschaftsverhältnisse literarisch gestaltet und in der Gestaltung zugleich negiert, sondern nur die aus den gegebenen Herrschaftsverhältnissen entspringende individuelle Ohnmacht mehr oder weniger gefällig zelebriert; eine Literatur der Ununterscheidbarkeit der literarischen Figuren, die nicht den ideologischen Schein der Aufhebung von Differenzen schmerzlich, nämlich am Individuum, zeigt, sondern sich von diesem Schein zu unendlichen, gestaltlosen, blinden Ich-Verdoppelungen verleiten läßt; eine Literatur, in der expliziter Konservativismus nicht listig durch innovative Form in Kritik umschlägt.

Julian (damals Jutta) Schutting etwa ist für diese, in den siebziger Jahren bekannt gewordene Literatur ein anderes Beispiel, ein markantes allerdings vor allem deshalb, weil Schuttings geheimnislose Mystifikationen einiger Errungenschaften der neueren österreichischen Literatur grund-

1 Alexander Lernet-Holenia (1. v. l.)

2 Manés Sperber und Rudolf Henz im Pen-Club; Wien 1982

3 Gruppenaufnahme österreichischer Schriftsteller, u. a.: Otto Basil (1. Reihe, 2. v. l.), Christine Lavant (5. v. l.), Rudolf Felmayer (6. v. l.), Franz Theodor Csokor (7. v. l.), Herbert Eisenreich

(2. Reihe, 2. v. l.), Gerhard Fritsch (5. v. l.), Jeannie Ebner
(3. Reihe, 3. v. l.); Kapfenberg 1951

4 Hans Weigel, im Hintergrund Heimito von Doderer

5 Hans Weigel und sein Kreis im Café Raimund; Wien, Mitte der 50er Jahre

Neue Bücher 2. Halbjahr 1996

Suhrkamp Literatur

Isabel Allende · Louis Begley ·
Rango Bohne/Jürgen Becker · Karl Heinz Bohrer ·
Vincenzo Consolo · Tankred Dorst · T.S. Eliot ·
Hans Magnus Enzensberger · Marianne Fritz ·
Juan Goytisolo · Peter Handke · Zbigniew Herbert ·
Hermann Hesse · Thomas Kling · Else Lasker-Schüler ·
Frédérique Lebelley–Marguerite Duras ·
Friederike Mayröcker · Cees Nooteboom ·
Elena Poniatowska · Marcel Proust ·
Gerlind Reinshagen · Augusto Roa Bastos ·
Thomas Rosenlöcher · Martin Walser · Josef Winkler
Gedenkbücher
Polnische Bibliothek · Spectaculum
Jüdischer Verlag

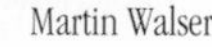

Martin Walser

Peter Handke

Josef Winkler

Martin Walser
Finks Krieg

Roman
320 Seiten. Leinen
DM 42,– / öS 311,– / sFr. 39.–

»Wie oft haben wir den Roman unserer Zeit und unserer Verhältnisse gefordert. ... Walser verfaßt eine Wirklichkeit, wie wir sie in der zeitgenössischen Literatur sehr lange nicht mehr gefunden haben. ... Er hat einen Roman geschrieben, der Bestand haben wird. ... Seit Koeppens Treibhaus 1953 erschienen ist, hat es ein besseres Buch über das leise Verhältnis von Macht und Wahn nicht gegeben.« *Frank Schirrmacher, Frankfurter Allgemeine Zeitung*

Peter Handke
Eine winterliche Reise zu den Flüssen Donau, Save, Morawa und Drina oder Gerechtigkeit für Serbien

136 Seiten. Kartoniert
DM 24,80 / öS 184,– / sFr. 25.80

»Schon lange, nun fast vier Jahre lang, seit dem Ende des Krieges in Ostslawonien, der Zerstörung vo Vukovar, seit dem Ausbruch des Kriege in Bosnien-Herzegowina, hatte ich vor gehabt, nach Serbien zu fahren.« M dieser Feststellung beginnt Handke Erzählung seiner Reise nach Serbier während deren er sich durch eigene Augenschein ein Bild von Lanc Landschaft und Leuten in Serbie machen wollte. Im Fortgang de Berichts zeigt sich, daß dieses Vorhabe alles andere als ein einfaches ist: Di Berichterstattung in den Medien ha selbst die Möglichkeit, die dortig Realität wahrzunehmen, fast unmög lich gemacht. Folglich ist Peter Handk genötigt, sich den Dingen auf seine, ih kenn- und auszeichnende Weise z nähern: als Erzähler.

Peter Handke
Zurüstungen für die Unsterblichkeit

Ein Königsdrama
Etwa 120 Seiten. Engl. Broschur
ca. DM 32,– / öS 237,– / sFr. 29.50
(Januar '97)

Die Sonnenzeit geschlossener Horizonte die Weite einer kleinen Enklave, di

Buchmesse: Schwerpunkt Irland

Eoin O'Brien
Samuel Becketts Irland

Aus dem Englischen von Wolfgang Held. (Originaltitel: The Beckett Country – Samuel Beckett's Ireland) Mit Fotografien von David H. Davison und einem Vorwort von James Knowlson
Etwa 416 Seiten. Gebunden
ca. DM 78,– / öS 577,– / sFr. 71.–
(September '96)

Mit seiner Fülle faszinierender Einzelheiten erweckt Eoin O'Briens Buch auch Örtlichkeiten außerhalb Dublins zum Leben, die in Becketts Frühwerk eine herausragende Rolle spielen …
Überraschend ergiebig und sehr differenziert in Wort und Bild, unternimmt *Samuel Becketts Irland* die irische ›Erdung‹ Becketts, vor allem aber von Becketts Werk.

Buchmesse: Schwerpunkt Irland

Mary Lavin
In einem Café

Erzählungen
Aus dem Englischen von Katja Scholtz (Originaltitel: In a Café)
Etwa 350 Seiten. Gebunden
ca. DM 39,80 / öS 295,– / sFr. 37.–
(September '96)

Die Geschichten von Mary Lavin, die in diesem Band versammelt sind, »atmen Irland«. Mary Lavin schildert die kleinen Dinge im Leben, die zwar selbstverständlich scheinen, die aber das Leben weit mehr bestimmen, als den meisten Menschen bewußt ist. Und genau dies macht den Zauber wie auch den Wert dieser einzigartigen Erzählungen aus.

Marcel Proust
Frankfurter Ausgabe
Werke II · Band 3
Auf der Suche nach der verlorenen Zeit
Guermantes

Aus dem Französischen von Eva Rechel-Mertens. Revidiert von Luzius Keller und Sibylla Laemmel
Etwa 750 Seiten. Leinen
ca. DM 98,– / öS 725,– / sFr. 89.–
Subskriptionspreis:
ca. DM 84,– / öS 622,– / sFr. 76.–
Leder. ca. DM 198,– / öS 1465,– / sFr. 176.–. (Oktober '96)

Die Frankfurter Ausgabe folgt der 1959 erstmals erschienenen Übersetzung von Eva Rechel-Mertens. Der Text wurde korrigiert und teilweise neu gefaßt. Der neue Titel lautet *Guermantes*.
Der Kommentar unterzieht sich der mühseligen Aufgabe, Daten, Namen und Anspielungen zu erklären, gibt jedoch auch Hinweise zu Erzählstrukturen sowie zum Zusammenspiel der einzelnen Teile, Themen und Stilnuancen.

Polnische Bibliothek

Polnischer Realismus

Ein literarisches Lesebuch von Henryk Markiewicz. Mit zahlreichen Abbildungen. Etwa 320 Seiten. Leinen
ca. DM 36,– / öS 266,– / sFr. 33.–
(Oktober '96)

Die Epoche des polnischen Realismus erstreckt sich von den Anfängen der sechziger bis Ende der neunziger Jahre des 19. Jahrhunderts.
Der Band legt in vielfältiger Form Zeugnis ab von den Tendenzen und Stilen dieser Epoche, die entscheidende Grundlagen legte für die literarische Moderne.

höchstpersönlich gerückt. Die Szenerie ist nicht das literarische Café, sondern das Foyer einer Akademie, die eine hochpolitische Beratung über die Ausbeutung der Kolonien abhält.

Volker Braun
Die vier Werkzeugmacher

Etwa 50 Seiten. Bütten-Broschur
ca. DM 19,80 / öS 147,– / sFr. 19.–
(August '96)

Die Historie, schien ihnen, hatte verrückt gespielt, »und sie konnten sich bedanken, daß es nicht blutig zugegangen war ... Die Welt würde sich wundern und zu lachen haben für Jahrhunderte auf ihre Kosten.«
Erzählt wird die komische und grausame Geschichte einer Werkzeugmacherbrigade in der Zeit nach der Wende 1989.

Marianne Fritz
Naturgemäß
I

Entweder Angstschweiß
Ohnend
Oder Pluralhaft
Roman. Etwa 2200 Seiten
5 Bände in Kassette. Handsigniert
Typoskript. Broschiert
ca. DM 500,– / öS 3690,– / sFr. 445.–
(August '96)

Die Prosa der Marianne Fritz kommt einem entgegen und will bewältigt werden, zuerst einmal aber wird der Leser überwältigt: Denn so stellt sich Marianne Fritz den Krieg vor. So soll er Literatur werden.

Else Lasker-Schüler
Gesammelte Werke
in drei Bänden

Band 1: Gedichte 1902–1943
Herausgegeben von Friedhelm Kemp
Etwa 440 Seiten. Leinen
ca. DM 32,– / öS 237,– / sFr. 29.50
Band 2: Prosa und Schauspiele
Herausgegeben von Friedhelm Kemp
Etwa 1232 Seiten. Leinen
ca. DM 64,– / öS 474,– / sFr. 58.–
Band 3: Verse und Prosa aus dem Nachlaß. Herausgegeben von Werner Kraft. Etwa 180 Seiten. Leinen
ca. DM 32,– / öS 237,– / sFr. 29.50

Drei Bände zusammen
ca. DM 98,– / öS 725,– / sFr. 89.–
(Oktober '96)

Mit diesen Bänden erscheint die klassische Ausgabe der Werke von Else Lasker-Schüler neu.

Karl Heinz Bohrer
Der Abschied

Theorie der Trauer: Baudelaire, Goethe, Nietzsche, Benjamin
Etwa 608 Seiten. Gebunden
ca. DM 56,– / öS 414,– / sFr. 51.–
(August '96)

Das Wort »Abschied« gehört zu den umgangssprachlich geläufigsten des Alltags und seiner Psychologie. Karl Heinz Bohrer beschäftigt sich in seinem neuen Buch nicht bloß eindringlich-provokant mit den verschiedenen literarischen Formen des Abschieds. Vielmehr gilt sein theoretisches Interesse dem Abschied als Strukturgesetz.

Kritisches Wörterbuch der Französischen Revolution

(Dictionnaire Critique de la Révolution Française).
Herausgegeben von François Furet und Mona Ozouf. 2 Bände
Etwa 1300 Seiten. Gebunden
ca. DM 140,– / öS 1036,– / sFr. 125.–
(August '96)
Die Ausgabe erscheint parallel in der edition suhrkamp: es 1522. Etwa 1300 Seiten. 2 Bände. ca DM 68,– / öS 503,– / sFr. 62.– (Juli '96)

Das *Kritische Wörterbuch der Französischen Revolution* bietet eine Gesamtschau dieses wichtigen Ereignisses mit Blick auf dessen verschiedene Interpretationen.

T. S. Eliot
Briefe 1898–1922

Herausgegeben von Valerie Eliot
Aus dem Englischen von Wolfgang Held
(Originaltitel: The Letters of T. S. Eliot 1898–1922)
Mit zahlreichen Abbildungen
Zwei Bände
Etwa 900 Seiten. Gebunden
ca. DM 160,– / öS 1184,– / sFr. 142.–
(September '96)

Die Briefe des jungen Eliot, von der Knabenzeit bis zur ersten unruhigen Meisterschaft seines Langgedichts *The Waste Land*, spiegeln seine geistige und seelische Entwicklung, verraten die äußeren und inneren Umstände seiner anfänglich so elenden Existenz, die er gleichwohl als Nährboden für künstlerische Produktivität brauchte.
Nur durch humorvolle List gelang es Eliots zweiter Frau, ihm das Eingeständnis für eine spätere Briefausgabe zu entlocken.

Zbigniew Herbert
Opfer der Könige

Zwei Essays
Aus dem Polnischen von Klaus Staemmler
(Originaltitel: Obrona Templariuszy. O Albigensach, Inkwisitorach i Trubadurach)
Etwa 120 Seiten. Leinen
ca. DM 34,– / öS 252,– / sFr. 31.50
(August '96)

Zbigniew Herbert, der in dem Band *Ein Barbar in einem Garten* (1977) Eindrücke von seinen Reisen durch Italien und Griechenland hervorragend verarbeitet hat, zeigt nun auch hier wieder, was seine Meisterschaft zu leisten vermag: wie er sich zum Verteidiger der unterdrückten Minderheiten im mittelalterlichen Frankreich macht, wie er die Arroganz der Mächtigen, besonders aber der Könige und der hohen Geistlichkeit anprangert.

Frédérique Lebelley
Marguerite Duras
Ein Leben

Aus dem Französischen von Eva Groepler
(Originaltitel: Duras ou le poids d'une plume)
Mit Abbildungen
Etwa 380 Seiten. Gebunden
ca. DM 48,– / öS 355,– / sFr. 44.50
(September '96)

In 24 Kapiteln führt Frédérique Lebelley durch das Leben von Marguerite Duras kenntnisreich geschrieben, präzis, mit anschaulichen Details und lebendig.

Wandel die Möglichkeit eines friedlichen Miteinanders von Juden und Arabern gezeigt.

Israelische Literatur

Jaakow Shabtai
Onkel Peretz fliegt

Erzählungen
Aus dem Hebräischen
von Rachel Stillmann
(Originaltitel: dod Peretz mamri)
Etwa 272 Seiten. Gebunden
ca. DM 42,– / öS 311,– / sFr. 39.–
(Januar '97)

Jaakow Shabtai gilt als einer der großen Autoren der modernen hebräischen Literatur. Seine Erzählungen schöpfen in ihrer Mischung von zarter Ironie und leiser Melancholie, von historischer Genauigkeit und mystischer Hintergründigkeit aus der jiddischen Erzähltradition, deren plastischen Charakteren und anschaulichen Sprache, wie wir sie bei Scholem Alejchem finden.

Israelische Literatur

Amos Oz
Dem Tod entgegen

Aus dem Hebräischen von
Ruth Achlama
(Originaltitel: Ad Mavet)
Etwa 200 Seiten. Gebunden
ca. DM 36,– / öS 266,– / sFr. 33.–
(Januar '97)

In den beiden thematisch verwobenen Erzählungen: *Kreuzzug* und *Späte Liebe* zeigt sich Amoz Oz als meisterhafter Schilderer menschlicher Verhaltensweisen.

Buchmesse: Schwerpunkt Irland

Irisches Lesebuch

Herausgegeben von Gudrun Boch
Etwa 300 Seiten. Gebunden
ca. DM 36,– / öS 266,– / sFr. 33.–
(September '96)

Kein anderes Land von vergleichbarer Größe hat mit seinen Dichtern so viel Weltliteratur hervorgebracht wie die Grüne Insel am Rande Europas.
Die Textauswahl bietet meisterhafte Beispiele aus vielen Genres: Pamphlet, Ballade, Bericht, Autobiographie, Roman, Erzählung und Gedicht, und sie veranschaulicht, wie spezifisch irische Erfahrungen mitgeteilt, dargestellt, parodiert und transzendiert werden.

Buchmesse: Schwerpunkt Irland

Samuel Beckett
Quadrat

Stücke für das Fernsehen
Mit einem Essay von Gilles Deleuze
Aus dem Englischen und
Französischen von Erika und Elmar Tophoven
(Originaltitel: Quad et autres pièces pour la télévision suivi de L'épuisé par Gilles Deleuze)
Etwa 120 Seiten. Gebunden
ca. DM 40,– / öS 296,– / sFr. 37.–
(September '96)

Der Band enthält vier Fernsehstücke, die Beckett zwischen 1977 und 1982 beim Süddeutschen Rundfunk inszenierte – und einen grundlegenden Essay von Gilles Deleuze, der den Weg über das Fernsehen als notwendige Etappe im Schreiben Becketts deutet: wenn die herkömmliche Sprache von sich aus nicht mehr in der Lage ist, die »dahinterliegenden Dinge« sichtbar zu machen.

Jüdischer Verlag

(Erscheinungstermin: Oktober '96)

Gershon Shaked
Geschichte der modernen hebräischen Literatur
Prosa von 1880 bis 1980
Mit einem bibliographischen Anhang
Bearbeitet und aus dem Hebräischen übersetzt von Anne Birkenhauer
(Originaltitel: hassiporet ha'ivrit)
Etwa 400 Seiten. Gebunden
ca. DM 64,– / öS 474,– / sFr. 58.–

Else Lasker-Schüler
Werke und Briefe
Kritische Ausgabe
Im Auftrag des Franz-Rosenzweig-Zentrums der Hebräischen Universität Jerusalem, der Bergischen Universität Wuppertal und des Deutschen Literaturarchivs Marbach am Neckar
Hrgb. von Norbert Oellers, Heinz Rölleke und Itta Shedletzky
Band 1: Gedichte
Bearbeitet von Norbert Oellers und Karl Jürgen Skrodzki
Band 1.1: Text. Etwa 500 Seiten. Leinen. Band 1.2: Anmerkungen
Etwa 650 Seiten. Leinen
ca. DM 296,– / öS 2190,– / sFr. 263.–
Subskriptionspreis:
ca. DM 240,– / öS 1776,– / sFr. 214.–

Jüdisches Städtebild
Frankfurt am Main
Hrgb. von Siegbert Wolf. Mit etwa 25 Abb.. Etwa 300 Seiten. Gebunden
ca. DM 64,– / öS 474,– / sFr. 58.–

Hannah Arendt/Hermann Broch
Briefwechsel
1946 bis 1951
Herausgegeben und mit einem Nachwort versehen von Paul Michael Lützeler
Etwa 256 Seiten. Gebunden
ca. DM 48,– / öS 355,– / sFr. 44.50

Margarete Susman
Das Buch Hiob und das Schicksal des jüdischen Volkes
Mit einem Vorwort von Hermann Levin-Goldschmidt
Etwa 170 Seiten. Gebunden
ca. DM 38,– / öS 281,– / sFr. 35.–

Samuel J. Agnon
Gestern, vorgestern
Roman
Aus dem Hebräischen von Karl Steinschneider
(Originaltitel: Tmol schilschom)
Etwa 592 Seiten. Gebunden
ca. DM 58,– / öS 429,– / sFr. 52.50

Jüdischer Almanach 1997
des Leo Baeck Instituts in Jerusalem
Herausgegeben von Jakob Hessing
Etwa 180 Seiten. Kartoniert
ca. DM 28,– / öS 207,– / sFr. 26.–

Diese hier vorgestellten Neuerscheinungen finden Sie in allen Buchhandlungen. Andernfalls erklärt sich Ihr Buchhändler gern bereit, jedes von Ihnen gewünschte Buch in kürzester Zeit zu besorgen.
Für weitere Informationen und Prospekte wenden Sie sich an Ihren Buchhändler oder direkt an den Verlag.

Fotonachweis: Jerry Bauer (Isabel Allende/Elena Poniatowska), Hans-Ludwig Böhme (Thomas Rosenlöcher), Renate von Mang (Gerlind Reinshagen), Isolde Ohlbaum (Peter Handke/Friederike Mayröcker/AmosOz/Mario Vargas Llosa), Peter Peitsch (Lou Begley), Dirk Reinartz/Visum (Martin Walser), Christina Schwichtenberg (Josef Winkler)

Suhrkamp Verlag, Postfach 10 19 45, 60019 Frankfurt am Main. Preisänderungen vorbehalten. 6/96 (99821)

Ruhe eines selbstgenügsamen Völkchens sind vorbei. Krieg sickert durch die Grenzen. Brüder sterben für fremde Armeen, und Frauen gebären die Kinder unbekannter Väter. Noch ungeboren, werden Pablo und Felipe dazu auserkoren, ihrem Volk eine Geschichte zurückzugeben, das Recht einzusetzen, das allein den Niedergang der Enklave verhindert.

Gerlind Reinshagen
Am Großen Stern

Roman
Etwa 280 Seiten. Gebunden
ca. DM 39,80 / öS 295,– / sFr. 37.–
(August '96)

Der Fotograf und das Mädchen: In Gerlind Reinshagens Entwicklungsroman geht es um nicht weniger als das richtige Leben: Leidenschaft gegen Zerstreuung, darum, das Feuer einer Kindheit ins Erwachsenenleben zu retten. Schießt ein solches Experiment – wenn es gelingt – über das Leben hinaus?

Josef Winkler
Domra

Am Ufer des Ganges
Roman
Etwa 250 Seiten. Gebunden
ca. DM 38,– / öS 281,– / sFr. 35.–
(August '96)

Josef Winkler beschreibt in Domra nichts anderes als die Leichenverbrennungsstätten des Harishchandra-Ghat in Varanasi. Nicht Indien insgesamt ist Gegenstand seiner Aufzeichnungen, sondern dieser Ort, den Winkler monatelang heimgesucht und beobachtet hat, und erstaunlich ist allerdings, wie unverzagt und eindringlich er, zusammen mit allen Einzelheiten der Verbrennungen, das überbordende, vielfältige Leben an dieser Stätte zu schildern, zu beschwören vermag.

Rango Bohne/Jürgen Becker
Korrespondenzen mit Landschaft

Collagen von Rango Bohne
Gedichte von Jürgen Becker
Signierte und auf 1000 Exemplare limitierte Auflage
Etwa 60 Seiten. Leinen im Schuber
ca. DM 148,– / öS 1095,– / sFr. 132.–
(August '96)

Im Anfang war nicht das Wort, sondern das Bild – so gilt es jedenfalls für dieses Buch. Es sind die Bilder, die Collagen von Rango Bohne, in denen Jürgen Becker die Motive für seine neuen Gedichte gefunden hat, und wenn in der Regel der Leser von Gedichten nicht erfährt, woher der Lyriker seine Anregungen nimmt, hier erscheinen sie unmittelbar vor Augen.

Thomas Kling
morsch

Gedichte
Etwa 104 Seiten. Gebunden
ca. DM 30,– / öS 222,– / sFr. 27.50
(August '96)

Die Freilegung der Sprachgründe und Abgründe ›bindet‹ die ›morschen‹ Worte neu, begründet unser Sprechen. Das »verschriftlichte blickn« dieser Gedichte empfiehlt sich als »vorbildliche demontage«, wenn in der »rangeschraubtn ferne« von Geschichte und Geographie, intimen Szenarien, Literatur und bildender Kunst der kalkulierende Rechercheur Thomas Kling unsere Erkenntnis bereichert.

Gerlind Reinshagen

Friederike Mayröcker

Thomas Rosenlöcher

Friederike Mayröcker
Notizen auf einem Kamel

Gedichte 1991–1996
Etwa 152 Seiten. Leinen
ca. DM 38,– / öS 281,– / sFr. 35.–
(August '96)

Die Leser der Gedichte von Friederike Mayröcker wissen, wie das alles vor sich geht, diese kühnen Verschränkungen, die vervielfachte Entfernung und Nähe, die Verwandlungen ohne Maß und Ziel. Es gibt keine Ablenkungen von diesem Herzstück, von dieser Poesie, es sei denn, die Ablenkungen werden hingenommen, werden zum Wort-, Erinnerungs-, Denk-Material.

Thomas Rosenlöcher
Die Dresdner Kunstausübung

Gedichte
Etwa 100 Seiten. Gebunden
ca. DM 30,– / öS 222,– / sFr. 27.50
(August '96)

Die *Dresdner Kunstausübung* beschreibt die Mühen der Orientierung zwischen Ostvergangenheit und Westgegenwart, zwischen ›Ostbarbar‹ und ›Stoßstangentier‹. Allen Bedrohungen und Verlustmeldungen wollen diese Gedichte widerstehen: durch das Beschreiben und Beobachten des Vorhandenen.

Tankred Dorst
Die Legende vom armen Heinrich

Mitarbeit Ursula Ehler
Etwa 96 Seiten. Leinen
ca. DM 30,– / öS 222,– / sFr. 27.50
(August '96)

Die mittelalterliche Erlösungsgeschichte des Hartmann von Aue macht Tankred Dorst zu einem farbigen, manchmal komischen, manchmal tragischen neuen Schauspiel über Liebe und Tod.

Hans Magnus Enzensberger
Voltaires Neffe

Eine Fälschung in Diderots Manier
Etwa 80 Seiten. Bütten-Broschur
ca. DM 19,80 / öS 147,– / sFr. 19.–
(August '96)

Hans Magnus Enzensberger hat diesen berühmten Text Diderots neu geschrieben. An die Stelle des halbvergessenen Opernkomponisten Rameau ist Voltaire

Gedenkbücher

Wolfgang Koeppen
Drei Romane
Tauben im Gras
Das Treibhaus
Der Tod in Rom

Ein Gedenkbuch
580 Seiten. Gebunden
DM 35,– / öS 259,– / sFr. 32.50

Marguerite Duras
Der Liebhaber

Ein Gedenkbuch
194 Seiten. Gebunden
DM 25,– / öS 185,– / sFr. 23.–

Hans Blumenberg
Arbeit am Mythos

Ein Gedenkbuch
704 Seiten. Gebunden
DM 35,– / öS 259,– / sFr. 32.50

Spectaculum 62

Sechs moderne Theaterstücke und Materialien. Etwa 304 Seiten. Gebunden. ca. DM 36,– / öS 266,– / sFr. 33.–. Im Abonnement: ca. DM 32,– / öS 237,– / sFr. 29.50 (Oktober '96)

Chantal Akerman: Der Umzug
Deutsch von Andres Müry

Oliver Bukowski: Inszenierung eines Kusses

Dirk Dobbrow: Diva

Tankred Dorst: Die Geschichte der Pfeile. Ein Triptychon
Mitarbeit Ursula Ehler

Yasmina Reza: Kunst
Deutsch von Eugen Helmlé

Martin Walser: Das Sofa

Hermann Hesse
Jubiläumsausgabe

Die Romane und großen Erzählungen. Acht Bände in Schmuckkassette. Format 10 x 15 cm 2500 Seiten. Gebunden. ca. DM 68,– / öS 503,– / sFr. 62.– (Juli '96)

Isabel Allende

Louis Begley

Elena Poniatowska

Sonderausgabe

Isabel Allende
Paula

dem Spanischen von Lieselotte
ınoske. 488 Seiten. Gebunden
einem Begleitheft ›Briefe für
ula‹. ca. 64 Seiten. Kartoniert
M 34,80 / öS 258,– / sFr. 32.50
(August '96)

ıum ein anderes Buch hat *Paula* Leser aufgewühlt. Als Dokument außergewöhnlichen Wirkung ler besonderen Beziehung zwi- Lesern und Buch hat Isabel le eine Auswahl von Briefen für 'a‹ zusammengestellt, die der rausgabe aus Anlaß des großen ‹umserfolgs beigegeben wird.

Louis Begley
Mann, der zu spät kam

Roman
us dem Amerikanischen von
Christa Krüger
inaltitel: The Man Who Was Late)
Etwa 288 Seiten. Gebunden
DM 39,80 / öS 295,– / sFr. 37.–
(August '96)

Louis Begleys fesselnder Roman *Der Mann, der zu spät kam* spielt gut dreißig Jahre nach *Lügen in Zeiten des Krieges*. Und wieder erzählt der amerikanische Autor eine Geschichte, in der ein Mann die Schatten seiner Vergangenheit nicht abzustreifen vermag. Selbst eine große Liebe kann den Weg, den das Schicksal für ihn vorgesehen hat, nicht ändern.

Vincenzo Consolo
Die Steine von Pantalica

Sizilianische Geschichten
Aus dem Italienischen von Anita Pichler
(Originaltitel: Le pietre di Pantalica)
Etwa 256 Seiten. Gebunden
ca. DM 39,80 / öS 295,– / sFr. 37.–
(September '96)

Eine literarische und ganz persönliche Wanderung durch Sizilien beschreibt uns Vincenzo Consolo, Sizilianer, der seit 1968 in Mailand lebt. Seine in über dreißig Jahren gesammelten Erlebnisse und Begegnungen auf der Insel gibt er in Erzählungen, Reportagen, Porträts und Fundstücken wieder.

Marguerite Duras
C'est tout
Das ist alles

Aus dem Französischen von Andrea Spingler. (Originaltitel: C'est tout)
64 Seiten. Bütten-Broschur
DM 19,80 / öS 147,– / sFr. 19.–

Dies ist das letzte zu Lebzeiten Marguerite Duras' erschienene Buch, ergänzt um unveröffentlichte Aufzeichnungen ihrer allerletzten Tage. Es sind Aphorismen, Dialoge, Notizen, die noch einmal die Urthemen dieser Schriftstellerin aufnehmen: Liebe, Begehren, Trennung und Tod.

Juan Goytisolo
Die Marx-Saga

Roman
Aus dem Spanischen
von Thomas Brovot
(Originaltitel: La saga de los Marx)
Etwa 260 Seiten. Gebunden
ca. DM 39,80 / öS 295,– / sFr. 37.–
(September '96)

Witzig, bissig, provokativ zieht Juan Goytisolo den Leser hinein in die Wechselfälle des Marxschen Familienalltags, sein Gedankensystem, seine Freundschaften, Feindschaften und Liebschaften.

Cees Nooteboom
Der Ritter ist gestorben

Roman
Aus dem Niederländischen
von Helga van Beuningen
(Originaltitel: De ridder is gestorven)
Etwa 152 Seiten. Leinen
ca. DM 36,– /öS 266,– /sFr. 33.–
(August '96)

Cees Nootebooms Buch ist mitreißend, ja fesselnd geschrieben in einer hochpoetischen und dennoch transparente Sprache, ein Buch, das den Zwiespal zwischen Liebesunfähigkeit un Liebessehnsucht, zwischen Todesangs und Lebenshunger, zwischen Hoffe und Verzweifeln, Wollen und Könne zum Thema macht – ein »rauhes un tollkühnes Schreibabenteuer«.

100. Geburtstag von Tina Modotti
im August 1996

Elena Poniatowska
Tinissima

Roman. Aus dem Spanischen von
Christiane Barckhausen-Canale
(Originaltitel: Tinísima)
Mit Fotografien
Etwa 528 Seiten. Gebunden
ca. DM 48,– / öS 355,– / sFr. 44.50
(August '96)

Tinissima erzählt die bewegende un bewegte Geschichte der Tina Modott die, berühmt heute vor allem a Fotografin, ihr nur 45jähriges Leben i außergewöhnlicher Fülle und Intensitä zwischen Kunst, Politik und leiden schaftlichen Beziehungen verbrachte.

Augusto Roa Bastos
Die Nacht des Admirals

Roman. Aus dem Spanischen
von Ulrich Kunzmann
(Originaltitel: Vigilia del Almirante)
Etwa 336 Seiten. Gebunden
ca. DM 42,– / öS 311,– / sFr. 39.–
(September '96)

Die Nacht des Admirals ist ei Kolumbusroman als geistiges Aben teuer. Dabei so kenntnisreich, vielstim mig instrumentiert, weise in de tausend Formen des Scheiterns und lei denschaftlich engagiert, wo es um da uralte Dilemma zwischen Europa un Lateinamerika geht.

Mercè Rodoreda

Mario Vargas Llosa

Amos Oz

Mercè Rodoreda
Der Tod und der Frühling

Roman. Aus dem Katalanischen von Angelika Maass. (Originaltitel: La mort i la primavera). Etwa 190 Seiten. Gebunden
ca. DM 36,– / öS 266,– / sFr. 33.–
(September '96)

er Tod und der Frühling ist die eschichte einer Initiation. Mit allen tappen einer archaischen, ja einer rchetypischen Geschichte vom Inzest is zum Kindstod. Und ist doch kein Iythos, vielmehr eine brachial-realistiche Parabel über die einfachsten und ugleich schwierigsten Dinge im Leben: en Tod und die Liebe.

Friedenspreis des Deutschen Buchhandels 1996

Mario Vargas Llosa
Flaubert und ›Madame Bovary‹

Die ewige Orgie. Aus dem Spanischen von Maralde Meyer-Minnemann
Etwa 240 Seiten. Gebunden
ca. DM 38,– / öS 281,– / sFr. 35.–
(Oktober '96)

»Die einzige Art, das Dasein zu ertragen, besteht darin, sich an der Literatur wie in einer ewigen Orgie zu berauschen.« Die libidinöse Beziehung zur Literatur, von der hier Flaubert spricht, kennzeichnet Vargas Llosas eigene Haltung zur ›Madame Bovary‹. Diese literarische Studie ist vor allem das Werk eines leidenschaftlichen Lesers.

Sonderausgabe

Mario Vargas Llosa
Der Fisch im Wasser

Erinnerungen. Aus dem Spanischen von Elke Wehr
676 Seiten. Gebunden
DM 39,80 / öS 295,– / sFr. 37.–
(Oktober '96)

Als Zehnjähriger begegnet er zum erstenmal seinem leiblichen Vater, achtzehnjährig heiratet er seine fast doppelt so alte Tante und beginnt in Paris das Leben als Schriftsteller. Mit über fünfzig Jahren betritt er die politische Arena. *Der Fisch im Wasser* ist die spannende und unterhaltsame Autobiographie eines der bekanntesten Schriftsteller der Gegenwart.

Neu in der jungen Reihe

Hella S. Haasse
Transit

Roman
Aus dem Niederländischen von Heike Baryga
(Originaltitel: Transit)
Etwa 120 Seiten. Gebunden
ca. DM 24,– / öS 178,– / sFr. 22.–
(August '96)

Xenia, genannt Iks, die Heldin von Hella S. Haasses Roman für junge Leser, hat die Schule abgebrochen und ist durch Europa gereist. Zurück in ihrer Heimatstadt Amsterdam macht sie sich auf eine abenteuerliche Suche nach ihren alten Freunden.

Neu in der jungen Reihe

Ann Charney
In Dobryd

Roman
Aus dem Englischen von Gabriele C. Pallat
(Originaltitel: Dobryd)
Etwa 200 Seiten. Gebunden
ca. DM 28,– / öS 207,– / sFr. 26.–
(August '96)

»Als ich fünf Jahre alt war, hatte ich die Hälfte meines Lebens in einem Versteck verbracht: auf dem Dachboden einer Scheune.« Mit diesem Satz beginnt ein Roman, in dem das Schicksal polnischer Juden in der Nachkriegszeit geschildert wird. Während die Eltern dem Vergangenen nachträumen, entdeckt ein junges Mädchen eine Welt, vor der sie sich so lange hatte verstecken müssen.

Israelische Literatur

Yossi Avni
Garten der toten Bä

Roman in dreizehn Episo
Aus dem Hebräischen v
Katharina Hacker
(Originaltitel: gan haetzi
mitim)
Etwa 180 Seiten. Gebun
ca. DM 36,– / öS 266,– / s
(Januar '97)

Dieses Buch führt in ein ande abseits der bekannten Orte, historischen Stätten. In Episoden schildert der junge Autor Yossi Avni das Leben ei sexuellen in Israel: seine Fre zur Wut des Schreibenden Scham inmitten einer Gesell traditionell auf der Famili seine Einsamkeit, seine nach einer Begegnung, dere feltes Scheitern.

Israelische Literatu

S. Yishar
Von Krieg und Fri

Sieben Geschichten
Aus dem Hebräischen
Ruth Achlama
(Originaltitel: Chirbet Chis
mischor)
Etwa 344 Seiten. Gebu
ca. DM 42,– / öS 311,– /
(Januar '97)

Von Krieg und Frieden sieben Geschichten, die vom arabischen Konflikt hande gibt ein besonders eindring der Landschaft, in der Mensc gegeneinander führen und Augenblicke Frieden einkeh in diesen Geschichten an scheinbar alltäglichem Ha

6 Heimito von Doderer anläßlich der Präsentation seines Buches ›Wien – Vorstadt Europas‹ in der Österr. Gesellschaft für Literatur; Wien 1963

7 Elias Canetti zu Besuch in Wien

8 Fritz Habeck

9 Oswald Wiener; Berlin 1972

10 Günter Brus zwischen Mitgliedern der Wiener Gruppe: Gerhard Rühm (stehend), Friedrich Achleitner (liegend)

11 Edwin Rollet

12 Konrad Bayer

13 Gerhard Fritsch

14 Gerhard und Barbara Fritsch, Thomas Bernhard und sein »Lebensmensch«, Wieland Schmied; Ohlsdorf 1968

15 Ingeborg Bachmann

16 Lesung von Mitgliedern des Forum Stadtpark im Pen-Club, v. r. n. l.: Alfred Kolleritsch, Barbara Frischmuth, Klaus Hoffer, daneben Rudolf Henz; Wien 1970

17 Lesung der Gruppe Wespennest im Pen-Club, v. r. n. l.: Gustav Ernst, Gerhard Hanak, E. A. Richter, Peter Henisch, vorgestellt von Hilde Spiel; Wien 1972

8 Michael Scharang und Helmut
ilk; Wien 1981

19 Franz Schuh

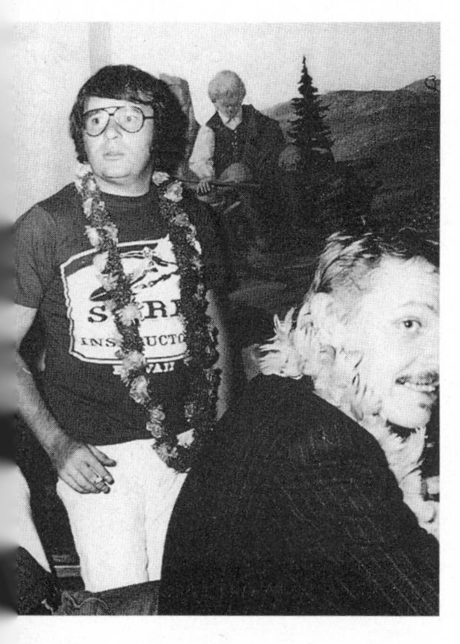

20 Wolfgang Bauer und
Reinhard Priessnitz;
Graz 1978

21 Peter Matejka beim »Wienbuch-Prozeß«; Wien 1972

22 Arnulf Rainer (l.) und 23 Hermann Schürrer,
Vernissage Hermann Nitsch in der Galerie Grünangergasse;
Wien 1972

24 Erster österreichischer Schriftstellerkongreß; Wien 1981

25 Erich Fried und Hans Weigel ebenda

26 Erster österreichischer Schriftstellerkongreß, v. l. n. r.: Wolfgang Schaffler, Achim Benning, Helmut Zilk, Erhard Busek, Gerhard

Ruiss, Günther Nenning, Heinz Fischer, Fred Sinowatz, Gerald Szyszkowitz; Wien 1981

27 Klaus Hoffer

sätzlich nur deren affirmative Seite reproduzieren, während deren kritische Elemente vollständig fehlen. So gelingt es Schutting lediglich, die zersplitterte Realität zu ver*fremden*, aber auch nur so, daß sie kenntlich bleibt, ohne erkannt zu sein, geschweige denn poetisch aufgehoben zu werden. Diese problematische ästhetische Verdoppelung einer problematischen Wirklichkeit zeigt vor allem Schuttings Lyrik: Die einzige Spannung, die darin noch existiert, ist, daß das literarische Ich so hypertrophiert erscheint, daß das schreibende Ich es genausogut Du nennen kann, eine Aufspaltung, die lediglich jene Identität und zweifelhafte Objektivierung des Ich reproduziert, wie sie zwischen Meinungsjournalisten und den auf sie abonnierten Lesern stattfindet.

Die Vermutung liegt nahe, daß der vom antiöffentlichen Charakter des sozialpartnerschaftlich geprägten österreichischen Überbaus bewirkte *Hang zum hypertrophierten Ich* die Scharniere ist, über die das gewachsene kritische Potential der Formstrukturen der österreichischen Literatur so leicht ins Affirmative schwingt.

»Ich« sagen zu können, ist ja immer der Wunsch, Gegensätze in Meinungen aufzuheben, deren Differenz unter der Identität eines Ich gar nicht mehr auseinandergehalten werden kann. Gerade die allgemeine Verbindlichkeit des Satzes: »Das ist meine Meinung, aber ein anderer hat eine andere«, zeigt das Zusammenfallen der Differenzen. Geteilter Meinung zu sein bedeutet, eine Meinung teilen zu können, die Meinung ist ein Ritual der Überprüfung für die Zuverlässigkeit der Identität und nicht zuverlässiger Ausdruck eines Widerspruchs. Die geteilte Meinung insistiert gerade nur noch auf den Surrogaten von Widersprüchen, die das Ich braucht, um sich von anderen Ichs abzugrenzen, mit denen es ja auch wieder die Übereinstimmung sucht, um nicht ein verlorenes Ich zu sein.

Die Hülse, die jedes Ich mit diesen Surrogaten auspolstert, ist der Name. Ohne Namen kann kein Ich eine Meinung öffentlich sagen, denn sonst weiß man nicht, daß dieses Ich etwas gesagt hat, sondern nur irgendein Ich, und das wäre wieder nicht Ich. Daher sucht das Ich immer die Konformität mit den anderen, um mit den Surrogaten von Widersprüchen seinem Ich einen Sinn vor den anderen Ichs zu geben, den Namen, der daher auch zu Recht mit »Identität« gleichgesetzt wird und nicht mit »Widerspruch«.

In der Meinung, im Ich, im Namen, den ein Ich sich machen kann, sind also Widersprüche nie ausgetragen, sondern nur subsumiert. Das bürgerliche Individuum, eine schöne selbstbewußte Konstruktion gegenüber der Welt, wenn es von sich weiß, wird zur häßlichen bewußtlosen Demutsgeste gegenüber der Welt, wenn es sich meint. Es will die Welt nicht mehr in seinem Namen gestalten, sondern von der Welt nur noch mit seinem zufälligen Namen gerufen werden.

Die Namen, die die Ichs sich zurufen, sollen eine Geschichte ergeben, deren Kern die Retrospektive auf eine Zeit ist, in der Namen noch etwas bedeutet haben. Diese Geschichte kommt aber nie zustande, da jedes Ich, das – etwas meinend, hoffend, empfindend – sich preisgibt, im Niemandsland zwischen Exklusivität und allgemeiner Geltung bleibt. Denn was es so exklusiv meint, ist allgemein, und das Allgemeine bleibt gegenüber dem Ich exklusiv. Und je mehr das öffentliche Austragen von Widersprüchen aus dem allgemeinen Bewußtsein verschwindet, um so mehr ist das Ich auf die fruchtlosen, privaten Anstrengungen zurückgeworfen, die im Preisgeben des Ich immer wieder hoffnungsvoll das Ich erblicken und nicht dessen Preisgabe.

Es zeigte sich, daß einige österreichische Dichter die Gefahr erkannten, die mit einem bloßen Abspiegeln des öffentlich desavouierten, aber privat hypertrophierten Ich verbunden ist, bei dem selbst Handke stehenzubleiben scheint, auch wenn er es als Produkt spezifischer Herrschaftsverhältnisse gestaltet.

Gernot Wolfgruber etwa zeichnete diese Identitätsproblematik, die sich abseits aller gesellschaftlichen Auseinandersetzungen ergibt, in seinen Romanen präzise und formal innovativ (z. B. durch die Adaption des inneren Monologes für die Darstellung eines Arbeiterbewußtseins) am Beispiel von »Klassenaufsteigern« nach und zeigt schonungslos und ohne falsche Verweise, was die ideologischen Muster, die diesen Aufsteigern vorgegeben werden, verschweigen. Seine Figuren scheitern nicht prinzipiell, wie die Kritik kritisierte, sondern sie scheitern an diesen in Österreich so elastisch versteinerten Verhältnissen, die, da die gesellschaftlichen Herrschaftsverhältnisse aus dem allgemeinen Bewußtsein völlig ausgeblendet sind, nur noch aus Individuen zu bestehen scheinen, und eben deshalb den Individuen, die zu Schattenboxern des Ich werden, als Individuen keine Chance geben.

Das Nicht-Wiedergutmachbare, die harmonistische Irre, in die der Weg der bürgerlichen Gesellschaften führt, auf dem das sozialpartnerschaftliche Österreich schon so weit vorausgeeilt ist, zeigte Klaus Hoffer in einer geglückten Parabel, seinem 1979 erschienenen Buch *Halbwegs. Bei den Bieresch 1*: menschenverachtende, brutale Harmonie- und Erlösungssehnsucht *im Namen der Individuen*.

Das vorangestellte Motto des Buches: »Die Hände der Fleißigen ruhen. Nichts regt sich, die Luft ist glatt, wie ein Spiegel. Möglich, daß woanders gerade ein Verbrechen geschieht, so namenlos, so kraftlos ist alles. ›Wie heiße ich?‹ lautet da eine Frage. Und die Antwort ist dieses Summen, dieses Rauschen. Es ist das Gerausche, das von den Haaren der Welt herrührt, die sich in ihrem riesigen Bett auf die andere Seite dreht.«

Das Buch erzählt von einem jungen Mann, Hans, der aus einer österreichischen Stadt in den Ort Zick im Seewinkel kommt, um als nächststehender männlicher Angehöriger seines verstorbenen Onkels diesen für die Dauer eines Jahres zu ersetzen, wie es der Brauch der dortigen Bevölkerung (der Bieresch) vorsieht. Systematisch wird er in das Traditions- und Kommunikationssystem der Bieresch eingewiesen, die aus einem ausbalancierten Verhältnis verschiedener Gruppen bestehen, den »Anachi«, »Histrionen« und »Monotomai«, die sich im wesentlichen durch verschiedene Interpretationsansätze, mit denen sie an ihr soziales Leben und ihre Geschichte herangehen, unterscheiden.

»Anachi« – das bedeutet »Ich« – werden die »Unbelehrbaren« genannt, sie widmen ihr Leben der Rekonstruktion der Identität durch die Rekonstruktion der Geschichte.

Die »Histrionen« denken »Täter und Opfer« zusammen, die ihrer Ansicht nach beide schuldig sind, und sie setzen Techniken durch, dieses Verhältnis regelmäßig umzukehren und Besitz umzuverteilen.

Die »Monotomai« jedoch vertreten die Ansicht, daß es keinen Fortschritt gibt und geben kann, »daß sich die Produktionsverhältnisse und die Struktur unserer kleinen Gemeinde im Lauf der Jahrhunderte nicht geändert haben, daß alles, was wir tun, uns nicht nur reflektiert, sondern auch reproduziert.«

Das Verhältnis dieser Gruppen, ihrer Repräsentanten, ist durch Konflikte charakterisiert, die jeder Dynamik beraubt sind, da sie in einem harmonistischen, verbindlichen Gefühl der Geschichtslosigkeit aufgehoben sind, die daraus resultiert, daß das unter den gegebenen Voraussetzungen geschichtlich Erreichbare schon längst erreicht ist. Darüber hinaus »gibt es keinen Fortschritt, keinen Rückschritt. Uns kann niemand helfen.«

In einer Legende der Bieresch heißt es: »Die Unruhe ist auseinandergebrochen: die Zeiger zeigen nicht die Zeit, sondern den Ort. Hier ist Montag.« Montag bedeutet also nicht den ersten Tag der Woche, sondern den Ort nach dem letzten Tag. Die Bieresch wissen daher: »Spannungen, die zwischen allem bestehen, ertragen ist eine eigene Kunst.

Und wir Bieresch haben es in ihr doch weiter gebracht als die anderen.«

Doch die Abtrennung der Individuen von den Widersprüchen ist eine geschichtstechnische Lösung, nicht die Erlösung, die nur um so drängender ersehnt wird. Die Identitäten müssen in ihrer Zusammenhanglosigkeit immer wieder in sich zusammenbrechen, weshalb die Bieresch ein ausgefeiltes System der Namengebung (sprechende Namen) entwickelt haben, mit dem sie die Identitäten im sozialen Kontext abstützen und zu einem Ganzen zu verweben versuchen. Die Erlösungsutopie der Bieresch wäre die eine mögliche, aber noch nie geschriebene Legende, die ausschließlich und ohne Rest aus ihrer aller Namen zusammengesetzt wäre.

Am Ende des Buches erhält auch Hans seinen Namen, »Félúton«, das heißt »Halbwegs«.

Dieser Roman Hoffers greift alle Merkmale auf, die die vom spezifischen geistigen Klima der Zweiten Republik geprägte österreichische Literatur herausgebildet hat, und hebt sie in der Verdichtung zu einem großen Mythos auf eine neue Stufe. Die Geständnisse, mit denen die Figuren auch bei Hoffer so unvermittelt herausrücken, werden in ihrer disziplinierenden Funktion ausgewiesen, wobei aber die Macht bei dem, der spricht, bleiben soll, indem man sich nur offener Geheimnisse bedient. Die Zersplitterung des Bewußtseins wird aufgehoben in einer umfangreichen Legendenbildung um jeden Splitter, der dadurch wieder in ein Ganzes eingepaßt werden soll.

Die Ununterscheidbarkeit der Individuen wird gezeigt in deren Sehnsucht, daß ihr Verschmelzen ein System ergäbe, das jedem seinen Platz im sozialen Kontext und in der Geschichte zuweist, wodurch die Ichsucht als soziales Problem dargestellt wird.

Sogar der explizite Konservativismus der österreichischen Literatur wird bei Hoffer implizit mitgestaltet, als archaisches Harmonie- und Erlösungsbedürfnis, das in der herrschenden (modernen) Balance der Widersprüche nicht wirklich befriedigt sein kann.

Die Art, wie Hoffer diese Elemente miteinander in Verbindung bringt, weist das Bedürfnis der Bieresch nach Harmonie als blasphemisch aus, weckt aber auch den Wunsch nach einer wahren Lösung der gesellschaftlichen Widersprüche, die kein Unglück mehr zuläßt: »Es ist sehr schwer, das zu begreifen, daß es überhaupt Unglück geben kann. [...] Aber es gibt Unglück in Mengen. – Weil in unserem Kopf alles so nahe beisammenliegt, weil uns nichts näherliegt, als alles miteinander in Verbindung zu bringen, weil das Gefühl der Verbrüderung den blasphemischen Wunsch nach unzerteilbarer Harmonie erweckt!«

Wenn es stimmt, daß die Geschichte, wie Hoffer schreibt, »eine alles ausgleichende Ungerechtigkeit« ist, dann hat die österreichische Literatur als ihre fortgeschrittenste Geschichtsschreibung eine so große Zukunft wie der wirkliche Ausgleich. Es bleibt daher nur zu hoffen, daß die internationale Variante der Sozialpartnerschaft (die Entspannung zwischen Ost und West) nicht durch eine nukleare Katastrophe scheitert – wiewohl die österreichische Literatur auch dieser Möglichkeit gefaßt gegenübersteht: Die österreichischen Verhältnisse werden als so kompakt und unzerstörbar empfunden, daß es denkbar ist, daß Österreich entlang seiner Grenzen aus der Erdkugel herausbrechen und sich alleine um die Sonne drehen könnte. Das kann man jedenfalls einem graphischen Gedicht Gerhard Rühms entnehmen.

Überbau und Underground

Im Anfang war das Neue Österreich

Die Erschaffung des österreichischen Überbaus

Die Tatsachen schienen zunächst für sich selbst zu sprechen, aber doch nur in der Sprache, die ihnen vorgeschrieben wurde. Allgemein bekannt, aber nicht erkannt, verflüchtigten sie sich in den Formulierungen, die für sie durchgesetzt wurden, und es fehlten dann allgemein die Worte für die Wahrheit, die als Geheimnis sozialer Besitz wurde: Man bezeichnete es als gelüftet, nur weil alle gerne es hüteten, an Festtagen der Rede, aber nie der Widerrede wert. Das verstand man darunter: »auf der Hut zu sein«, »nie wieder!« war eine Parole der Verdrängung.

Als die nächste Generation ihre Väter fragte: »Wie war es damals?«, antworteten selbst die, die nie im Konzentrationslager gesessen waren, daß das gemeinsame KZ-Erlebnis der »Vertreter der verschiedenen weltanschaulichen Lager« den Basiskonsens für die Zweite Republik geschaffen habe, was richtig und falsch zugleich war, bekanntes Faktum so sehr, wie eben auch Verschleierung, gehütetes Geheimnis. Denn den Konsens hatte der Faschismus tatsächlich hergestellt, aber eher insofern, als er den radikalen Widerspruch schon längst physisch liquidiert hatte.

Ein Schauspieler, der in einem Nazi-Propagandastück einen Riesenerfolg feierte, und dann, nach Zusammenbruch des Naziregimes, in einem Brecht-Stück, wird sowohl den Naziautor als auch Brecht für großartige Autoren halten, schließlich hatte er ja mit beiden Erfolg. Die Zeiten haben sich für ihn nur insofern geändert, als das eine Stück abgesetzt war und das andere am Spielplan stand.

Ebenso wie dieser Schauspieler, feierten auch gewisse Teile der Bourgeoisie (und diese Kategorie war vor dem Faschismus noch eine soziologisch ausweisbare) hintereinander zwei große, inhaltlich zwar widersprüchliche, aber je funktionale Erfolge: nämlich den Sieg des Faschismus und die Niederlage des Faschismus. (Daß die Kategorie Bourgeoisie nach dem Krieg nicht mehr selbstverständlich war, ja weitgehend gar nicht zu existieren schien, war eine Konsequenz dieses doppelten Erfolges.)

Sie erlebte den Sieg des Faschismus als Erfolg, weil dadurch der drohende Zusammenbruch des Kapitalismus schlagartig abgewendet war. Und die Niederlage des Faschismus war ein enormes Erfolgserlebnis, weil sich nun zeigte, daß der Faschismus seine Funktion offensichtlich erfüllt hatte: Seine Methoden waren desavouiert, aber der Kapitalismus brach trotzdem nicht zusammen.

Die Ordnung, die in der Anstrengung des »Wiederaufbaus« wiederaufgebaut wurde, blieb verordnet, ökonomisch keine neue, sondern die alte. Neu war nur der Überbau, der umformuliert werden mußte, nicht nur, weil »aus der Geschichte gelernt wurde«, sondern vor allem, weil die soziologischen Konsequenzen der faschistischen Ära dies verlangten: Der gesellschaftliche Widerspruch, nämlich eine bewußte, organisierte, kämpferische Arbeiterbewegung, war weitgehend liquidiert oder demoralisiert, und neue Formen sozialer Organisation waren notwendig, die darauf aufbauen konnten. Die zwei prinzipiellen Begriffe, die in Österreich in der Zeit nach Kriegsende vornehmlich strapaziert wurden, verraten schon, worum es ging: »Wiederaufbau« und »Neues Österreich«. »Wiederaufbau« bezieht sich auf die ökonomische Basis, die eben wieder-, das heißt, so wie vordem aufgebaut wurde; »Neues Österreich« bezieht sich auf den notwendig neuen Überbau, in den das Alte keinen Einlaß mehr finden durfte, hier mußten neue Formulierungen gefunden werden, die dem Sachverhalt entsprachen, daß vieles sich hatte ändern müssen, nur damit alles beim alten bleiben konnte.

Man hatte teuer bezahlt, physisch, materiell, gesellschafts- und staatspolitisch, buchstäblich in Ordnung war hier nichts mehr. Aber ökonomisch war die bislang schärfste Krise des Kapitalismus nachhaltig überwunden. Wiederaufbau: das hieß ja auch Vollbeschäftigung und unbeschränkte Nachfrage, aber auf spezifische Weise, die zeigt, daß den »Sieg um jeden Preis«, den »Endsieg«, den die Faschisten beschworen hatten, die platzhaltende Bourgeoisie errungen hatte: Denn Faschismus hieß Militarisierung der Arbeit, tendenziell neue Sklaverei (Rückgang von der relativen zur absoluten Mehrwertproduktion, Lohndruck), Zerschlagung der organisierten Arbeiterbewegung und der Gewerkschaften, physische Liquidierung ihrer bewußtesten Vertreter. Hierin hatte der Faschismus ganze Arbeit geleistet, und dies wurde im Wiederaufbau der bürgerlichen Ordnung fulminant wirksam: So wurden etwa die ersten Unterlagen über die geltenden Löhne anhand der Lohntabellen der DAF (Deutsche Arbeitsfront) angefertigt, der im Dritten Reich geltende Lohnstopp wurde formell in Kraft gelassen und hieß ab 1947 »Lohn-Preis-Abkommen«. Eine solche Lohnpolitik etwa war vor dem Faschismus nicht möglich gewesen.

Die faschistische Militarisierung der Arbeit ließ sich nun widerspruchslos in die Wiederaufbauarbeit lenken, der von den Nazis brachial hergestellte Klassenkonsens konnte nun als notwendig und freiwillig vorausgesetzt werden, schien doch nach faschistischem Arbeitszwang und Krieg nun alles Notwendige geradezu als Freiheit. Bei der Ausstellung »Zwei Jahre Wiederaufbau«, 1947 im Wiener Rathaus, waren Fotos, auf denen Wiener bei »Wiederaufbauarbeiten« zu sehen waren, mit »Helden der Arbeit« übertitelt. 1946 sprach ein Bundesminister, der allerdings auch schon während des Austrofaschismus höchste Ämter innegehabt hatte, allzu deutlich aus, was nun vorging: »Erst da fast alle zu Sklaven geworden waren, wurden sie alle reif für die neue Freiheit« – frei als Sklaven, statt Freiheit von Sklaverei? – »eine neue Freiheit mit einem neuen Glauben, mit einem neuen Geiste und mit neuen Methoden«. Glaube, Geist, Methoden – darum ging es eben: ein neuer Überbau, aber keine neue Basis.

Doch zunächst fehlte es an allem Notwendigen, es fehlten auch die Worte. Die neuen, in denen der neue Geist, die neuen Methoden glaubhaft artikuliert werden konnten. Ein Leitwort hatte man: »Neues Österreichbewußtsein«, es stieg auf wie ein Papierdrachen in einen wieder blauen Himmel, über dem keine Bombenflugzeuge mehr flogen. Es zeigte sich aber, daß den kühnen Drachen in luftiger Höhe unten auf der Erde der Philister fest in der Hand hielt, der zunächst auch nur von den großen Komponisten und Dichtern, großen Baumeistern und Wissenschaftlern zu erzählen weiß, »die unser Land hervorgebracht hat«. Aber was war davon, nach einer entmenschten Zeit, noch übrig? Während man nach Worten suchte, die an dem Drachen hängen sollten, als sein bunter fröhlicher Schwanz, behalf man sich mit Bildern: Im Juli 1945 wurde im Wiener Rathaus unter dem Ehrenschutz von Bürgermeister Theodor Körner eine Fotoschau »Unser Österreich« organisiert; gezeigt wurden Fotos wie »Saualpe«, »Unholden gegen Karnische Alpen«, »Wilder Kaiser«, also das unzerstörbare Österreich, aber auch die heimische Fauna und Flora, »Lachmöwe«, »Tüpfelsumpfhuhn«. Inmitten der Kriegstrümmer wirkte diese Dokumentation eines Österreichs ohne Menschen, ohne Zivilisation, zwar gespenstisch, aber heil.

Dieses Österreich wieder mit Menschen zu besiedeln hieß, ihnen eine Sprache zu geben. Dafür wurden sofort alle Kräfte mobilisiert: Noch bevor es das »Staatsamt für den Wiederaufbau« oder das »Staatsamt für Volksaufklärung« gab, schon vier Tage vor der Proklamierung der Wiedererrichtung der Republik durch die provisorische Regierung, erschien das *Neue Österreich – Organ der demokratischen Einigung,* das sich unter dem Vorwand, eine Zeitung zu sein, als »Staatsamt für die Errichtung eines neuen Überbaus« etablierte.

In den Seiten des *Neuen Österreich,* dessen redaktionelle Linie von den drei zugelassenen Parteien bestimmt wurde, spiegelt sich die Anstrengung und Widersprüchlichkeit, mit der der neue Überbau über der ökonomischen und politischen Restauration errichtet wurde.

Das *Neue Österreich* war natürlich nicht das einzige »Organ der öffentlichen Meinung«, das »in dem totalen Vakuum 1945 ins Leben trat«, aber es war das erste in doppeltem Sinn: chronologisch und von seinem Einfluß her.

Bereits zu Jahresende 1945 waren alle Kommunikationsmittel, die das Feld der öffentlichen Meinung die nächsten Jahre beherrschen sollten, etabliert, was »erstaunlich rasch« nur der offiziellen Geschichtsschreibung erscheint, der die Priorität, die die Errichtung eines neuen Überbaus in Österreich hatte, naturgemäß nicht bewußt sein kann. Die ersten Ausgaben des *Neuen Österreich* keuchten noch vor sprachlicher Unsicherheit und Hilflosigkeit, was sich nachgerade in einer Art Zweisprachigkeit der Zeitung ausdrückte: auf der einen Seite die Leitartikel- und Programmsprache, die die neuen Aufgaben, Sehweisen, die neue Ideologie vorformulierte, mit einem Pathos, der sich, in Ermangelung der erst gesuchten neuen Worte, noch Anleihen bei der alten Sprache nehmen mußte, wenn das neue Programm nur wenigstens irgendwie damit formuliert werden konnte: von »Blutzoll« ist da die Rede, und vom »Volkskörper« und von »Volksgemeinschaft«, von »Blut und Tränen« und von »Hinwegfegen«. Erst sehr zögernd und sporadisch, aber deutlich bemüht, mischen sich neue Wörter, Neuprägungen in dieser Sprache, etwa wenn die Nazis »Weltuntergangster« genannt werden, freilich eine geniale Formulierung in einem Land, das vordem als Versuchsanstalt galt, in der der Weltuntergang geprobt werde.

Schon im Leitartikel der ersten Ausgabe des *Neuen*

Österreich wird der Basismythos der Zweiten Republik formuliert: daß die Feinde von gestern durch das gemeinsame KZ-Erlebnis zu Partnern von heute geworden seien: »sind die Anhänger verschiedener Weltanschauungen [...] einander menschlich nahe gekommen. [...] Unser Volk braucht diese neue Einheit – [...] eine feste und dauerhafte Einheit der Arbeiter, Bauern, Gewerbetreibenden, Intellektuellen, eine wirkliche Volkseinheit«.

Nicht nur, daß in der Liste »Arbeiter, Bauern, Gewerbetreibende, Intellektuelle« die Industriellen, also gerade diejenigen fehlen, die wesentlich der eine Teil jenes gesellschaftlichen Widerspruchs sind, der nun in der »Volkseinheit« versöhnt sein soll, ist auch ausgeblendet, daß die erwähnten »verschiedenen Weltanschauungen« gegensätzliche Klasseninteressen ausdrücken. Ihre Repräsentanten mögen sich menschlich nähergekommen sein, aber die sozialen Gegensätze, die sie repräsentieren, sind deswegen nicht beseitigt. Deshalb das Rekurrieren auf den Begriff, den der Nationalsozialismus, der ja ebenfalls die Aufhebung der gesellschaftlichen Widersprüche versprochen hatte, immer wieder beschworen hatte: »Volk«, worin alle sozialen Gegensätze einfach semantisch verschwinden.

Auf der anderen Seite – also neben der Leitartikel- und Programmsprache – die Glossen- und Reportagensprache in jenem Stil, der zuvor als zu »tief« für politische Artikulation gegolten haben mochte, augenzwinkernd, eh schon wissen, mit a bißl stilisierter Mundart, die ja im Vergleich zur Nazisprache jetzt als unbelastet galt. Diese Sprache sollte das Programmatische des Leitartikels illustrieren und machte im einzelnen deutlich, wie es im allgemeinen gemeint war. Wie zum Beispiel in jenem Artikel, in dem ein Reporter des *Neuen Österreich* von einer alten Frau berichtete, die auf der Straße die Hakenkreuz-Abzeichen einsammelte, die die Wiener weggeworfen haben. Auf die Frage des Reporters, warum sie das tue, antwortete sie: »Was soll'n denn die Russen denken, wenn alle Straßen mit den Abzeichen versaut sind! So viele Nazis hat's ja in Wien gar net geb'n, als da Abzeichen herumliegen!« Und dabei »blitzte der Schalk in ihren Augenwinkeln«.

Die Einheit, der soziale Konsens, war nicht nur ein ideologisches Desiderat des »Wiederaufbaus«, sondern auch eine politische Notwendigkeit gegenüber den Alliierten. Schließlich wollte man nicht bloß die kapitalistische Ökonomie und eine ihr entsprechende Infrastruktur restaurieren, sie sollte ja auch in einen unabhängigen Staat aufgehen, in dem die Ausbeutung ein Problem der Souveränität und nicht das einer Kolonie werden sollte.

Solange an den Verhandlungstischen darum gerungen wurde, sollte das, neben der Arbeit an einer neuen Sprache zur Formulierung einer neuen Österreichideologie, die zweite große Anstrengung auf der Überbaustelle sein, nämlich die laufende Produktion von Leumundszeugnissen, die an die Alliierten adressiert waren.

Der Leser des *Neuen Österreich* befand sich daher immer auch in der Höhle des Leumunds, wo also nicht nur den Österreichern das neue Österreichbewußtsein vorgeschrieben wurde, sondern auch den Alliierten eine bestimmte Sehweise von Österreich nahegelegt wurde, indem man ihnen ununterbrochen zurief: »Vergeßt nicht, daß wir das erste Opfer der Naziaggression waren!« »Seht doch, wie konsequent wir Österreicher entnazifizieren!« »Beruhigt euch, wir haben aus der Geschichte gelernt und wissen nun, was not tut!«

Die Lügen, die dabei verbreitet wurden, waren so eklatant, daß sie selbst jenen österreichischen Lesern auffallen mußten, die über jene ungeheure Verdrängungskapazität verfügten, die die Zeitung voraussetzte, weshalb sie sich nicht scheute, ihren österreichischen Lesern geradeheraus zu sagen, daß diese Passagen ohnehin nicht für sie bestimmt waren: »Wir sind nicht allein auf der Welt«, schrieb das

Neue Österreich, was im Österreich der vier Besatzungszonen wohl keiner geglaubt hätte, »heute mehr denn je, haben wir auf unsere Reputation zu achten, auf die Meinung und das Urteil der Großen dieser Erde.«

Wir wollten den Nationalsozialismus nicht, wir wurden überfallen und dazu gezwungen! – wurde den Befreiern zugerufen, während man den Österreichern sagte: Wir verstehen schon, daß ihr der »raffinierten massenpsychologischen Goebbelspropaganda« unterlegen seid, die Euch das Paradies auf Erden versprach, niemand wird Euch deshalb einen Strick drehen! Keine Gnade für die Nazis! – wurde proklamiert und gleichzeitig beruhigt: Keine Bange, wir wissen, Ihr habt um das wahre Wesen des Nationalsozialismus nicht Bescheid gewußt, Ihr seid bloß dem »Rattenfänger aus München [!]« auf den Leim gegangen!

Die Versöhnung dieses Widerspruchs gelang in der täglich wiederholten Formel, daß Österreich als erstes Opfer der Naziaggression anzusehen sei: Einmal berichtete das *Neue Österreich* davon, wie »ein ehemaliger Gauleiter und Blutordensträger« von Wiener Polizisten verhaftet und über die Ringstraße ins Gefängnis eskortiert wurde, und »von allen Seiten wurde von den Passanten lebhaft Beifall geklatscht und gerufen: Bravo, Polizei!« Mit den Wienern freuten sich russische und jugoslawische Offiziere und Soldaten, die diesen Zug sahen und riefen: »Gut so, Österreicher!«

Nach innen ging es um die Einheit, nach außen um den Leumund. Entnazifizierung war keine Notwendigkeit für den »Wiederaufbau«, keine Notwendigkeit für das »Neue Österreichbewußtsein«, sondern lediglich eine Notwendigkeit für die Wiedererlangung der Souveränität. Was dafür erforderlich war, wurde entsprechend formuliert bzw. konstruiert und in die Auslage gestellt, aber eben in einer Weise, die die zügige sozioökonomische Restauration in keiner Weise behindern sollte. Das Verfassungsgesetz über das

Verbot der NSDAP vom Mai 1945 macht das deutlich: Das Gesetz unterscheidet »Illegale« und »Mitläufer«.

Wer zwischen 1933 und 1938 der NSDAP oder einem ihrer Wehrverbände angehört hatte, wer also »Illegaler« gewesen war, war wegen Hochverrats mit schwerem Kerker in der Dauer von fünf bis zehn Jahren zu bestrafen; Kerker war auch vorgesehen für schwerbelastete Nationalsozialisten und Förderer. Wer aber zwischen 1938 und 1945 der NSDAP beigetreten war, galt als »Mitläufer«, der lediglich dem Druck des Naziterrors hatte nachgeben müssen, und unterlag bloß einer Registrierungspflicht, die keine weitreichenden Folgen hatte. Dazu kam noch, daß selbst gegenüber »Illegalen«, schwerbelasteten Nationalsozialisten und Förderern »Ausnahmen zulässig« waren, »wenn der Betreffende seine Zugehörigkeit zur NSDAP oder einem ihrer Wehrverbände *niemals mißbraucht hat* und aus seinem Verhalten noch vor der Befreiung Österreichs auf eine positive Einstellung zur unabhängigen Republik Österreich mit Sicherheit geschlossen werden kann.«

Die Entnazifizierung war »prinzipiell« (Leumund!), aber mit »Ausnahmen« (im Sinne des Wiederaufbaus). Bürgermeister Körner: »Nationalsozialisten gehören nicht auf gehobene Posten. Diesen Grundsatz werde ich *prinzipiell* durchführen und *Ausnahmen* nur dort machen, wo sie *aus rein fachlichen Gründen absolut notwendig sind.*« Bei den Nationalratswahlen 1949 wurde schon wieder kräftig um Nazistimmen gebuhlt, während Entnazifizierung und Glorifizierung des österreichischen Widerstands bloßes außenpolitisches Reputationsproblem blieb.

Unbelastet von einer Diskussion persönlicher oder nationaler Schuld, ging also der Wiederaufbau in Österreich zügig voran, geradezu in wahrem Sportsgeist, denn »dabei sein« sei schließlich alles gewesen.

Denn während das Naziproblem in einer raschen, kalkulierten Anstrengung zumindest interpretativ »aus der Welt geschafft« wurde, wurde das Problem der Kontinuität vom Austrofaschismus in die Zweite Republik nicht einmal angeschnitten. Im Gegenteil, gerade die Tatsache, daß auch Austrofaschisten von den Nationalsozialisten verfolgt worden sind, ermöglichte es ihnen, als Opfer des Naziregimes sofort wieder jene Posten zu beziehen, die sie bis 1938 innegehabt hatten.

Die personelle Kontinuität vom Austrofaschismus in die Zweite Republik verbürgte, daß all das, was der Nazifaschismus viel konsequenter durchgesetzt hat, als es der Austrofaschismus gekonnt hatte, wieder patriotisch umformuliert, aber nicht zurückgenommen wurde. Es blieb sozusagen als historische Errungenschaft der bürgerlichen Gesellschaft erhalten, wobei sich an den Schaltstellen des Geisteslebens eine pragmatische Allianz der Austrofaschisten mit jenen Emigranten bildete, die aus den USA als cia-Verbindungsleute heimgekehrt waren.

Kritik wurde nur an den »unfaßbaren Verbrechen des Naziregimes« geübt, aber nicht grundsätzlich am Nationalsozialismus bzw. Faschismus. Vom Austrofaschismus übernahm man ja Personal für die höheren Ämter, vom Nationalsozialismus wesentliche Konsequenzen von dessen Wirtschafts- und Gesellschaftspolitik, denen man es immerhin verdankte, daß man eben nicht an die Zeit vor den beiden Faschismen anknüpfen mußte, als eine starke Arbeiterbewegung noch die sozialistische Umwandlung der Gesellschaft eingefordert hatte.

Über die vernichtende Niederlage der Kommunisten bei den ersten Wahlen nach dem Krieg, im Herbst 1945, staunten daher nur die Heuchler. Die physische Liquidierung der bewußten Arbeiterschaft und der Arbeiterbewegung war ja eine der »Leistungen« des Nationalsozialismus gewesen, und dabei hatten die Kommunisten verhältnismäßig die meisten Opfer zu beklagen gehabt. Der »aufsehenerregende Konservativismus«, der sich in den ersten Wahlen 1945 manifestierte, war eine Konsequenz der radikalen gesellschaftlichen Umgestaltung, die die Nazis mit allen technischen Mitteln des 20. Jahrhunderts herbeigeführt hatten, und auf der nun aufgebaut wurde, während der neue Überbau aus »Abscheu vor den Naziverbrechen« auf eine verklärende Pflege des österreichischen 19. Jahrhunderts zurückzugreifen sich entschloß.

Der Einfluß der Kommunisten wurde systematisch weiter zurückgedrängt, bis sie 1947 aus der Regierung und schließlich 1959 auch aus dem Parlament ausschieden. Sie waren insofern auch selber daran schuld, als sie nicht nur auf einer schon desavouierten stalinistischen Politik beharrten, sondern auch von der bescheidenen Partizipation an der ersten Regierung verblendet, emphatisch mit den Wölfen geheuchelt und an der Ideologie der patriotischen Einheit mitgearbeitet hatten.

In den Jahren 1948 bis 1952 flossen rund eine Milliarde Dollar in Form von Produktionsmitteln aufgrund des Marshall-Plans in die österreichische Wirtschaft. Es war das größte Einströmen ausländischen Kapitals, das je Österreich erreicht hat. In dieser Zeit wandelte sich Österreich, das nach dem Ersten Weltkrieg noch ein Mittelding aus Agrar- und Industriestaat gewesen war, zum modernen Industriestaat. Die Erfolgsmeldungen waren euphorisch und wurden konsequent propagandistisch eingebunden in den neuen Österreichpatriotismus, den das *Neue Österreich* täglich vorschrieb.

Hier war der Beweis gegeben, daß das kleine Österreich doch »lebensfähig« sei, seine Unabhängigkeit werde behaupten können. Daß für die stolzen Wirtschaftswachstumszahlen Faschismus in zwei Varianten, dann ein mörderischer Krieg und die Beibehaltung »faschistischer Errungenschaften« im »Wiederaufbau«, wie etwa der Lohnstopp, notwendig gewesen sind, das wurde naturgemäß politisch nie diskutiert, im Gegenteil: was man aus der Geschichte wirklich als »gelernt« vermitteln wollte, war gerade dies: daß politisch Lied garstig Lied sei.

Das *Neue Österreich* schrieb den Österreichern »zur Mahnung« hinter die Ohren: »Baldur von Schirachs Vater wurde gefragt, wie es käme, daß sein Sohn solche Greuel hätte verüben können. Schirachs Vater erwiderte: ›Mein Sohn war ein feinfühliger Lyriker. Er war ein vielversprechender junger Mann, er hätte die Finger von der Politik lassen sollen.‹« So stand es da, »zur Mahnung«, ohne weiteren Kommentar.

Doch so rigid der neue österreichische Überbau auch errichtet wurde – patriotisch rückwärts gewandt, hoffnungsfroh entpolitisiert in die Zukunft blickend, eine Einheit beschwörend, die es nach einer Diktatur, die so viele Täter und Opfer produziert hatte, in dieser Weise gar nicht geben konnte –, so fehlte doch lange Zeit ein Kitt, der die inneren Widersprüche dieser Konstruktion verbinden konnte (wie etwa die Formel von »Österreich als dem ersten Opfer der Naziaggression« zur staatstragenden Geschichtslüge auserkoren war). 1950 wurde die Lösung gefunden: die von der österreichischen Presse im allgemeinen Bewußtsein durchgesetzte Lüge vom kommunistischen Putschversuch. Mit dieser Lüge vom »Kommunistenputsch« war das Wiederaufgebaute im neuen Überbau in einer unverbrüchlichen Generalformel aufgehoben: Ab nun wurde es Mode, Kritik an der Gesellschaft durch Kritik an deren »Extremen« zu ersetzen. Der unpolitische Überbau hatte sein politisches Bewußtsein gefunden.

Bis 1955, bis zum Staatsvertrag, sollte nun Ruhe im Land herrschen, das ruhiggestellte soziale Klima und das – dank der Lohn-Preis-Abkommen – niedrige Lohnniveau ermöglichten einen kontinuierlichen Aufschwung der Wirtschaft. Durch die politische Kooperation der beiden großen gesellschaftlichen Lager war das Parlament, in das 1945 so pathetisch Einzug gehalten worden war, seiner Funktion beraubt, Kritik war durch Gemeinplätze ersetzt, die Tageszeitungen konnten sich in eine Dumpfheit zurücksinken lassen, die das aus den Gegebenheiten resultierende dumpfe intellektuelle Klima widerspiegelte und es dadurch auch erst so recht festsetzte. Die Errichtung des Neuen Österreich, das heißt die Errichtung des neuen österreichischen Überbaus, war in seinen wesentlichen Grundzügen abgeschlossen. Erst 1956, dem ersten Jahr der Selbständigkeit Österreichs, als der Zeitpunkt gekommen schien, in dem die Früchte des Konjunkturaufschwunges geerntet werden konnten, drohte die Stabilisierung durch aufflackernde Kämpfe um das Sozialprodukt »gefährdet« zu werden. Aufgrund der guten Erfahrungen, die während des Wiederaufbaus mit den Lohn-Preis-Abkommen gemacht worden sind, wurde diese Zusammenarbeit der Wirtschafts- und Gewerkschaftsspitzen nun in der »paritätischen Kommission« institutionalisiert.

Das war die Geburtsstunde des spezifisch österreichischen Systems der Sozialpartnerschaft.

Hervorgegangen aus dem faschistischen Lohndruck und der brachialen Versöhnung des gesellschaftlichen Widerspruchs, nach dem Krieg als freiwilliger Konsens durchgesetzt, war nun ein System entstanden, das sich zu einer Versuchsanstalt entwickeln konnte, in der vor den Augen der »Großen dieser Erde« nun die Vermeidung des Weltunterganges erfolgreich geprobt werden konnte. Vermeidung des Weltunterganges heißt: Keine Krise sollte die bürgerliche Gesellschaft mehr wirklich essentiell erschüttern können, die Erreichung des bürgerlichen Geschichtsziels ist, wie Österreich zeigte, möglich: ein paradiesischer Zustand, der sich in ungewöhnlichen Wachstumsraten, niedrigem Lohnniveau und dennoch absolutem sozialen Frieden ausdrückt.

Es war im Oktober 1950, als Günther Anders folgende Zeilen in sein Tagebuch notierte: »Der heutige Zustand verhöhnt den blutigen Ernst der vergangenen 12 Jahre, er macht ihn ungültig und degradiert ihn zu einem Schauspiel. Und das Schauspiel ist eben abgesetzt, weil ein anderes auf dem Spielplan steht.«

Im Erfolg, den dieses Schauspiel nun hat, rauscht noch der Beifall mit, den das vorige eingeheimst hatte, bis es abgesetzt werden mußte.

Die Ohnmacht des Machers im Literaturbetrieb

Zu Tod und Werk von Gerhard Fritsch

Das österreichische Geistesleben besteht aus einer Reihe von Irrtümern, deren Widersprüche sich in einer Weise aufheben, daß schließlich alles doch seine Richtigkeit hat. Einer dieser Irrtümer ist die regelmäßig wiederholte Behauptung, daß in Österreich ein Geist herrsche, der »von brutaler Verstocktheit und brutalem Unverstand, lähmend und tötend« sei. Dieser Satz stammt von Karl Kraus aus dem Jahr 1892, und Franz Schuh bezeichnete ihn 90 Jahre später als nichts weniger als »endgültig«.

Diesem Satz zufolge werden österreichische Dichter geradezu in den Tod getrieben, und erst nach ihrem Tod habe ihr Werk Anerkennung gefunden und Bedeutung erlangt. Stereotyp wird auf jene toten Autoren verwiesen, die am lähmenden und kunstfeindlichen Klima in Österreich zerbrochen sein sollen und Hand an sich gelegt haben, so als wäre deren Selbstmord eine künstlerische Überlebensstrategie gewesen.

Die Irrtümer, die in diesen Behauptungen liegen, sind evident: Weder kann das österreichische Geistesleben so lähmend und tötend sein, wenn man bloß in Betracht zieht, daß es in Österreich, gemessen an der Zahl der Bevölkerung, im internationalen Vergleich den prozentuell höchsten Anteil von Künstlern gibt, und es Bedingungen geben muß, die das ermöglichen.

Noch hat in Österreich je irgendein Künstler nach seinem Freitod eine größere Bedeutung erlangt, die auf die Tatsache zurückgeführt werden könnte, daß er eben tot sei, weil selbst bzw. gerade unter Marktbedingungen kein Werk Bedeutung erlangen kann, wenn diese außerhalb des Werkes organisiert werden muß.

In ihrer Synthese haben diese Irrtümer aber ihre Richtigkeit: es ist richtig, daß etwa Autoren, die Selbstmord begangen haben, danach eine größere Bedeutung für das österreichische Geistesleben erhalten haben, aber deswegen, weil sie für lebende Autoren als weiteres Beispiel dafür dienen konnten, wie lähmend und tötend der in Österreich herrschende Geist sei. Und der in Österreich herrschende Geist ist tatsächlich lähmend und tötend, aber nur insofern, als er sich mit Vorliebe in dieser Weise reflektiert. Das Wesentliche dieses Beispiels und aller anderen, die man noch anführen könnte, ist, daß in der österreichischen Literatur, und zwar im Literaturbetrieb so sehr wie auch in den literarischen Produkten, ein ausgeprägter Hang existiert, sich mit der gesellschaftlichen Realität zu befassen, allerdings unter der Voraussetzung eines gestörten Verhältnisses zur Realität.

Wenn große Literatur in erster Linie Beschäftigung mit sich selbst und mit der literarischen Tradition ist, und darüber vermittelt zu Aussagen über die gesellschaftliche Realität kommt, dann ist bei der österreichischen Literatur ein traditionelles Interesse feststellbar, sich in erster Linie mit der gesellschaftlichen Realität zu befassen, was allerdings nicht danach aussieht, weil sie darüber vermittelt zu bloß literarischen Aussagen kommt. Das ist es, was das Verhältnis der österreichischen Literatur zur Wirklichkeit stört: der Glaube, daß selbst ein unwesentlicher Splitter der Realität, wenn man ihn abbildet, etwas bedeuten müsse, das signifikativ für das Ganze sei.

Dieses literaturtheoretische Mißverständnis kommt unter anderem daher, daß in der österreichischen Literatur der Zweiten Republik, aufgrund der spezifischen Entwicklung der Organisationsform der österreichischen Gesellschaft, die aristokratischen Schriftsteller mit ihrem genuin repräsentativen Gestus und die schreibenden Beamten mit ihrer genuin der Realität entsprechenden Haltung abgelöst wurden von freigesetzten Kleinbürgern, also von Vertretern jener Schicht zwischen den antagonistischen Klassen, die ebensowenig wie die Aristokraten oder die Beamten über die modernen Produktionsmittel verfügen oder an ihnen arbeiten, aber im Gegensatz zu jenen fortgesetzt Ideologien produzieren, die beiden Seiten des gesellschaftlichen Widerspruchs anverwandelbar sind. Denn das Bewußtsein des Kleinbürgers ist durch den Glauben gekennzeichnet, jederzeit Unternehmer werden zu können, während seine reale Angst es ist, jederzeit ins Proletariat absinken zu können, wobei der Witz der österreichischen Entwicklung darin liegt, daß das für das Bewußtsein keinen Unterschied macht: durch die Sozialpartnerschaft haben die einen längst die Allüren der anderen und umgekehrt. Wenn das Kleinbürgertum nun dadurch charakterisiert ist, daß es ideologische Muster produziert, die beiden Seiten des gesellschaftlichen Widerspruchs dienen können, so produziert es in Konsequenz für sich selbst ein Selbstbewußtsein, demzufolge alles, was es tut und denkt, eine Bedeutung hat, die für den gesellschaftlichen Kontext verbindlich ist. Diese mentale Haltung, daß alles über sich selbst hinaus etwas bedeutet, vermittelt sich in die Literatur als die Haltung, daß alles exemplarisch ist.

Die Figur, die in einem Roman mit dem Epitheton »Prolet« auftritt, bedeutet gleich die ganze Arbeiterklasse, auch wenn in diesem Roman seine Arbeit darin besteht, für einen Schriftsteller die Korrekturfahnen zu lesen. Ein Schloßherr bedeutet nichts weniger als »das alte Österreich«, ein Pragmatiker, der, absurd genug, in einem Roman nichts weiter als eben Pragmatiker ist, repräsentiert den »neuen Geist« et cetera, und zwar a priori, während in gelungener Literatur solche Bedeutungen sich a posteriori einstellen.

Das Verhältnis der österreichischen Literatur zur Wirklichkeit kann daher gar nicht anders als gestört sein, ist ihre Wirklichkeit doch eine verkehrte Welt: diese Literatur befaßt sich nicht mit Schein gegen ein Wirkliches, sondern mit Erscheinung als dem Wirklichen selbst, »über dem verschwindenden Diesseits das bleibende Jenseits«, wie Hegel in der *Phänomenologie des Geistes* im Abschnitt »Die verkehrte Welt« formulierte.

Daß also die Fixierung auf dieses »Jenseits« für einen großen Teil der österreichischen Literatur charakteristisch ist, soll aber nicht heißen, daß deswegen die österreichischen Literaten auch buchstäblich einen besonderen Drang zum »Jenseits« haben. Wenn allerdings ein österreichischer Schriftsteller Selbstmord begeht, dann kann die Institution Literatur in Österreich, da sie sich nun einmal in der verkehrten Welt befindet, gar nicht anders, als auch und erst recht auf einen solchen Vorfall nur aus dem »Jenseits« heraus reagieren. Die Reaktion ist: Das muß doch etwas bedeuten!

Einer der etwas bedeutenden Selbstmörder im Heiligenkalender des österreichischen Literaturbetriebes ist Gerhard Fritsch, der 1969 im Alter von 45 Jahren freiwillig aus dem Leben geschieden ist. Heute, da es in Österreich so etwas wie eine offiziöse, institutionalisierte Sub- oder Gegenkultur gibt, die, genauso hoch subventioniert wie die herkömmliche, lediglich die sozialpartnerschaftlichen Verhältnisse auch im Geistesleben ausdrückt, gilt Fritsch offiziös als eines der Beispiele dafür, wie ein von brutaler Verstocktheit und brutalem Unverstand gekennzeichneter, lähmender und tödlicher Literaturbetrieb, den die heute institutionalisierte Subkultur allerdings mit einem Pflichtteil beerbt hat, sensible, kritische, innovative Dichter in den Tod treibt.

Was also der Selbstmord von Fritsch, so wie der einiger anderer Schriftsteller, bedeuten soll, ist, daß die mit dem österreichischen Literaturbetrieb verbundenen Attribute »brutal« und »tödlich« durchaus wörtlich zu nehmen seien, und daß Sensibilität, Kritik, Innovation in diesen Verhältnissen, so oder so, geradezu zerbrechen mußten.

Mir ist unbekannt, warum Gerhard Fritsch Selbstmord begangen hat, aber daß es so, wie es die Fama der verkehrten Welt will, nicht gewesen sein kann, wird sofort deutlich, wenn man sich mit Biographie und Werk von Gerhard Fritsch beschäftigt. Gerade das Beispiel Fritsch zeigt die Karrieremöglichkeiten, die der österreichische Literaturbetrieb bot, vor allem aber auch, daß der Freitod, der eine aufstrebende künstlerische Entwicklung sinnlos unterbricht, dem Autor gerade jene Bedeutung wieder raubt, die zu erringen er schon begonnen hatte.

Zwar gilt die Zeit der 50er und 60er Jahre, also die Zeit von Gerhard Fritsch, bis heute unwidersprochen als das finsterste Kapitel der Geschichte des österreichischen Literaturbetriebes, und die abfällig-gehässigen, aggressiven, zynischen oder selbstmitleidigen Äußerungen von Oswald Wiener, Gerhard Rühm, Elfriede Gerstl und vieler anderer über diese Zeit sind zu bekannt, als daß sie hier zitiert werden müßten. Aber zugleich ist es selbst beim besten Unwillen unmöglich, den damaligen Literaturbetrieb auf diese Einschätzung zu reduzieren: denn schon wenige Jahre später kam es zu einer Situation, die als »literarische Explosion in Österreich« bezeichnet wurde, die eine Vielzahl neuer Autorennamen über die Grenzen hinaus berühmt machte und die dazu führte, daß in der Bundesrepublik von der »Verösterreicherung der deutschen Literatur« gesprochen wurde. Die Exportzahlen der österreichischen Literatur, der Verkauf von Lizenzen und Rechten, die Zahl der Übersetzungen erreichte eine für die österreichische Literatur bis dahin nicht gekannte Höhe. Und für diesen Erfolg mußte der Literaturbetrieb in den Jahren davor, trotz all seiner Beschränktheit, den Boden bereitet haben.

Zugleich hat, wie wir schon angedeutet haben, der österreichische Literaturbetrieb, wenn er sich reflektiert, immer dann recht, wenn er irrt. Und tatsächlich ist der erwähnte Erfolg der österreichischen Literatur beschämend genug:

Keiner der Autoren, die damals berühmt geworden sind, deren Namen Synonyme waren für die »literarische Explosion in Österreich«, hat jemals in Österreich eine gesellschaftliche intellektuelle Bedeutung erlangt, oder nur die Voraussetzung dafür gehabt, wie selbst die zweite Autorengarnitur in Frankreich oder der Bundesrepublik, und sie haben auch nicht die formale Gediegenheit in ihrer Literatur entwickeln können, wie etwa ein mittelmäßiger amerikanischer Erzähler.

Aber, wie gesagt, es ist dem österreichischen Literaturbetrieb gelungen, so unverständig, unaufgeschlossen gegenüber allem Neuen, brutal und lähmend er auch gewesen sein soll, eine Vielzahl neuer Namen, die erfolgreichste Autorengeneration der österreichischen Literaturgeschichte überhaupt zu produzieren (wobei darauf, wie er das gemacht hat, im Zusammenhang dieses Aufsatzes nicht eingegangen werden kann).

Und damit kommen wir zum zweiten Punkt: Gerhard Fritsch war kein unter dem damaligen Literaturbetrieb leidender, verhinderter Autor, sondern er war schon längst auf den sich anbahnenden Erfolg abonniert. Er war ein Macher des alten Betriebes und nicht, wie unterstellt wird, dessen Opfer.

Er war, wie Reinhard Urbach schreibt, einer der wichtigsten »Gründer« der zweiten Generation, die nach dem Krieg zu publizieren begann. Er war Mitbegründer von Zeitschriften (zunächst *Wort in der Zeit*, dann *Literatur und Kritik* und *Protokolle*, beriet Verlage, gab Anthologien heraus (etwa das berühmte Sammelwerk *Aufforderung zum Mißtrauen. Literatur, Bildende Kunst, Musik in Österreich seit 1945* gemeinsam mit Otto Breicha) und war damit fest in den Schaltstellen des damaligen Literaturbetriebs verankert. Und er war unbestreitbar anerkannt. Alle Preise und Förderungen, die es damals gab, hat er bekommen.

Gewiß, er war nicht immer unumstritten: als er etwa in

Wort in der Zeit 1964 Texte von Konrad Bayer und Gerhard Rühm veröffentlichte, kam es zu heftigen Protesten, die zur Entlassung des Redakteurs Fritsch führten. Aber selbst solche Geschehnisse zeigten, daß die Position von Fritsch stärker war als die seiner Feinde: Nach der Entlassung von Fritsch hörte *Wort in der Zeit* praktisch zu existieren auf, während Fritsch danach die neue Literaturzeitschrift *Literatur und Kritik* herausgeben konnte. Und vor allem: trotz dieser seiner Unterstützung der jungen, avantgardistischen, angefeindeten Autoren wie Rühm oder Bayer, markierte die Position von Fritsch nicht die Konflikte, die damals im österreichischen Literaturbetrieb herrschten, ganz im Gegenteil: Dadurch daß er, der etwas ältere, eher konservative, nach herkömmlichen literarischen Mustern schreibende, in die Vergangenheit blickende, sich an die überlieferten Österreich-Topoi haltende Autor diese Allianz mit den jüngeren, rebellischen, innovativen Autoren eingehen konnte, repräsentierte er im österreichischen Literaturbetrieb jene Harmonisierung und Synthetisierung der Gegensätze, die Doderer in seiner Literatur herstellte. Wenn zu Recht gesagt wird, daß Doderer die österreichische Literatur der 60er Jahre unangefochten dominierte, so hatte Fritsch sich im Lauf der 60er Jahre in eine entsprechende Position im Literaturbetrieb gebracht, zu dessen Papst er berufen war, wie die spätere Entwicklung zeigte, als die Strukturierung des Betriebs im Sinn der Sozialpartnerschaft die Gleichschaltung auf der Basis des Pluralismus voll einsetzte, die Fritsch schon damals antizipiert hatte.

Fritsch als Opfer des österreichischen Literaturbetriebes zu sehen ist also absurd. Und doch hat der österreichische Literaturbetrieb, wenn er sich selbst reflektiert, recht, wenn er irrt. Auch die Herrschaft frißt ihre Kinder, und Fritsch wurde zum Opfer des Betriebs insofern, als er an den eigenen, von ihm im Betrieb durchgesetzten und repräsentierten Normen scheiterte:

Im Literaturbetrieb bürgte er für die Synthetisierung von Alt und Neu, für die Harmonisierung aller Widersprüche. Seine Karriere im Betrieb war eben deshalb möglich, da dies gleichzeitig die herrschende Staatsideologie war. Genau an diesen Prämissen aber scheiterte seine Literatur. Fritsch hat nur zwei Romane publiziert: *Moos auf den Steinen* (1956) und *Fasching* (1967). Der erste, ein Versuch, die falsche Versöhnung Österreichs mit seiner Geschichte literarisch zu gestalten, mußte künstlerisch scheitern; und der zweite, ein Versuch, daraus die Konsequenzen zu ziehen und mit avancierteren literarischen Mitteln zu arbeiten, mußte bei künstlerischem Gelingen die falsche Synthese und ideologischen Harmonisierungen zerstören.

Der Germanist Walter Weiss bezeichnete *Moos auf den Steinen*, als einen »Beitrag zum Thema der österreichischen Kontinuität«. Schon mit diesem Satz deutet Weiss, wahrscheinlich ohne es zu wollen, an, worin das Problem lag: Österreichische Kontinuität war ein »Thema«, aber kein Faktum, sie sollte herbeigeschrieben werden, und Fritsch versuchte brav dazu beizutragen. Das heißt: er saß einer Ideologie auf.

Wenn es eine faktische österreichische Kontinuität gibt, dann die vom Austrofaschismus über den Nationalsozialismus in die Zweite Republik. Das wäre aber eine Themaverfehlung gewesen. Das Thema war vielmehr – Weiss wörtlich – der »Anschluß [sic! jedoch:] an die altösterreichische Tradition«, verbunden mit einer »Kritik an einer verfälschenden Restauration im wiederhergestellten Österreich«. Doch zunächst verbindet der Roman mit dem gestellten Thema weniger Kritik, als vielmehr Affirmation, ein so blindes wie pathetisches Übereinstimmen mit jener damals staatspolitisch so brachial betriebenen ideologischen Anstrengung, die sich die Produktion eines »neuen Österreichbewußtseins« zur Aufgabe gestellt hatte, das aus lauter Retrospektiven bestand, in denen das jüngste Kapitel der österreichischen Geschichte, der Faschismus in zwei Varianten, aber ausgeblendet war. Die Synthese zwischen dem »Alten« und »Neuen«, zwischen dem Vergangenen und dem, was sich herausbilden sollte, über die Kluft des Ausgeblendeten hinweg, versuchte Fritsch literarisch dadurch herzustellen, daß er das besondere Sein der Gegenwart einfach ignorierte:

Das konkrete Sein war ihm lediglich ein Verschwinden, vergängliche und beliebige Erscheinungsformen von Kräften, die von der Vergangenheit sollizitiert in die Zukunft wirken, und dadurch das Nicht-Mehr und das Noch-Nicht verbinden und zu einer ursächlichen Einheit verschmelzen. Hinter dem verschwindenden Diesseits soll die wahre Welt sein, das Bleiben im Verschwinden. Diese These der »verkehrten Welt« als Prämisse für seinen Roman formuliert Fritsch so: »Hinter dem Vordergründigen, das seine Spannung aus dem tragischen Konflikt einer kleinen Gruppe von Menschen bezieht, steht das Wesentliche: ich wollte dieses Marchfeld-Schloß Schwarzwasser zu einem Symbol für Österreich machen. Für die Kräfte, die in ihm wirksam sind.«

Hinter dem Vordergründigen das Wesentliche: damit beschrieb Fritsch präzis die Linie, entlang der sein Roman kläglich und unharmonisch auseinanderbricht: dadurch steht vor dem Hintergründigen das Unwesentliche, aber zunächst einmal steht ja nichts anderes im Roman als dieses. Wohl gehen die Figuren geradezu gebückt von der Last dessen, was sie alles im Roman bedeuten müssen, die Sätze schleppen sich überfordert von der Symbolkraft, die sie aufbringen sollen, aber wie können sie etwas bedeuten, wenn sie zunächst, per se, eingestandenermaßen bedeutungslos, unwesentlich, oder mit einer literaturtheoretischen Kategorie von Lukács gesagt: untypisch sind?

Gerhard Fritsch schrieb, daß er »dieses Marchfeld-Schloß Schwarzwasser zu einem Symbol für Österreich machen« wollte, und zu mehr führt sein Roman auch nicht: es sollte etwas zu etwas gemacht werden, das es nicht ist.

Die Ekstase der Bedeutungszuschreibungen, die Sucht, den Dingen ihr jeweiliges konkretes Gesicht herunterzureißen, um deren exemplarische Maske zu zeigen, die ihnen allerdings erst gegeben wird, ist signifikant für die kleinbürgerliche Mentalität, auf die sich das österreichische Geistesleben damals eingeschworen hatte; der Kleinbürger kann nichts tun oder lassen, ohne es als exemplarisch und gesellschaftlich verbindlich zu empfinden. Durch die soziologische Stellung des Kleinbürgers fällt ihm aber immer nur das Unwesentliche als Beispiel zu, weshalb sein philosophisches System tatsächlich in der Umkehrung des Fritschschen Satzes (»Hinter dem Vordergründigen das Wesentliche«) formulierbar ist: Hinter dem Unwesentlichen muß etwas Hintergründiges stecken! Und da es, das Unwesentliche, buchstäblich nichts ist, muß es etwas bedeuten, es muß, koste es, was es wolle!

Auch die von Weiss apostrophierte »Kritik«, die Fritsch leiste, macht sich daher am Unwesentlichen fest, um sich, nach einem Blick ins »Jenseits«, mit einer anderen Sehweise zu begnügen: In *Moos auf den Steinen* symbolisiert z. B. die Figur des Dr. Mehlmann »den Pragmatismus«. Er will das verfallende Schloß Schwarzwasser, das wiederum »das alte Österreich« bedeuten soll, mit Hilfe von öffentlichen Geldern restaurieren und zu einem Kulturzentrum bzw. zu einem »Kulturzentrum« machen.

Die Figur des Dr. Mehlmann ist negativ dargestellt, also wahrscheinlich »kritisiert«. Er wird aber durch ein Todeserlebnis geläutert und nimmt von der Renovierung und dem Kulturzentrum-Plan Abstand. Der Pragmatiker läßt die Finger von der »Kultur«, die als tote ja Monopol des Kleinbürgers bleiben soll, und wird gegen Ende des Romans »neu gesehen«, in ein milderes Licht getaucht. Bei gleichbleibender Phraseologie wird er nun plötzlich als sensibel gezeigt, was nach Fritschs Prämisse wahrscheinlich bedeutet: hinter dem Vordergründigen, der harten Schale, steckt das Wesentliche: ein sensibler Kern.

Dieser sensible Kern war aber gewiß nicht der Grund dafür, daß das Wiederaufbau-Österreich eine lebendige Auseinandersetzung mit seiner jüngsten Geschichte scheute, aber gleichzeitig pragmatisch für ein museales Hüten des Verfallenden, der habsburgischen Geschichte, sorgte, als Schauobjekt für den Fremdenverkehr. Wo immer Fritschs Kritik ansetzte, sie kam nie zu des Pudels Kern, sondern immer nur zum behaupteten Kern eines unwesentlichen Exempels, und wurde unter der Hand zur Affirmation der ohnehin statthabenden Entwicklung. Absicht und Ergebnis fallen auseinander, so wie das Erzählte und dessen »Bedeutung«.

Verheerender noch als die Tatsache, daß in diesem Roman auseinanderbrach, was Fritsch eigentlich harmonisierend synthetisieren wollte, ist, daß die so entstehenden Gegensätze nie zu produktiven Widersprüchen werden, die dann eine dialektische Synthese doch ermöglichen könnten. Vielmehr ordnen sich die Gegensätze und Widersprüche, in die Fritschs Roman zerfällt, in einer Weise an, daß sie sich gegenseitig einfach auslöschen und auf diese Weise sowohl die Teile als auch das Ganze nichtig machen. Wenn Fritschs Hauptabsicht war, etwa »das Wesentliche« zu zeigen, so wird gerade dieses zum Unwesentlichen, weil es als Wesen bloß eines atypischen Vordergründigen keine allgemeine Geltung haben kann. Und das atypisch Vordergründige, das per se unwesentlich sei, aber seine Legitimation und Notwendigkeit darüber beziehen will, daß es eine Erscheinungsweise des Wesentlichen sei, wird zum Opfer dieser Selbstumkehrung, die es schon an sich hat: es löst sich als simple Tautologie, als Vordergründiges unwesentlich zu sein, aber ein Wesen zu beherbergen, das jedoch auch unwesentlich ist, vollends in Nichts auf.

Es ist nicht unbedingt erstaunlich, daß dieser Roman ein großer Erfolg in Österreich war. Er korrelierte in Anspruch und Form allzusehr mit den Ansprüchen, die damals an eine österreichische Staatsliteratur gestellt wurden, und mit der verklärenden Form, die das allgemeine Bewußtsein in Österreich angenommen hatte: Er bediente ein allgemein verbreitetes sentimentales Verhältnis zum untergegangenen alten Österreich und den Stolz auf die vergangene Größe und Schönheit, um darüber zur Versöhnung mit der Geschichte und zur Zustimmung zum Neuen Österreich zu kommen: denn dieses habe *das Beste aus seiner Geschichte* geerbt.

Soweit die Rezeption von *Moos auf den Steinen* heute noch rekonstruierbar ist, hat niemand an diesem Roman je inhaltliche oder formale Kritik geübt. Es gab nicht einen Hinweis darauf, daß in dieser sogenannten Aufarbeitung der jüngsten Geschichte Österreichs der Faschismus zur Gänze unterschlagen wurde. Und es gab nicht einen einzigen Kritiker, der das blinde Vertrauen in die simple, schon damals überholte traditionelle Erzählweise problematisiert hätte, die technisch noch weit hinter das zurückfiel, was sie aufzugreifen und fortzusetzen meinte (etwa die Romane von Joseph Roth).

Doch, einen gab es: Gerhard Fritsch selbst.

Es ist erstaunlich, daß Gerhard Fritsch von der allgemeinen Zustimmung, die sein erster Roman erhalten hatte, nicht dazu verführt wurde, diesen Erfolg einfach zu wiederholen. Seine unerbittliche Kritik an *Moos auf den Steinen* hieß *Fasching* und war sein zweiter Roman. *Fasching* ist in Inhalt und Form die reine Negation von *Moos auf den Steinen*.

Die Zweite Republik als Erbin des kakanischen Österreich? Eine Lüge. Nun zeigt Fritsch die personelle und mentale Kontinuität des Faschismus in Österreich.

Das moderne Österreich eine glückliche Verbindung aus

tiefsinnig-sensiblem Hang zu historischer Schönheit und nun funktionierender Demokratie? Eine dürftige Ideologie. Nun zeigt Fritsch die banausische Schäbigkeit, Borniertheit und Gemeinheit der Menschen und einer Demokratie, die auf der alles überwältigenden Mehrheit derer basiert, die »ihre Pflicht getan« haben.

Fritsch ein traditioneller, künstlerisch anspruchsloser, in keinem Moment kühner Erzähler? Das war einmal. Nun zeigte sich Fritsch als Romancier mit radikalem Kunstanspruch, besessen im Versuch, seine Erzählweise zu modernisieren.

Es ist sinnlos, darüber zu spekulieren, warum Fritsch ohne äußeren Druck die beiden von niemandem bemängelten Defizite seines ersten Romans (unterschlagener Faschismus, überholte Erzähltechniken) in seinem zweiten Roman mit einem Mal abzuarbeiten versuchte. Für jeden, der die These ernst nimmt, daß Kunst ein Weg zur Wahrheit ist, ist diese Frage belanglos. Fritsch war offenbar sensibel und unbestechlich genug, das Manko seines Erstlings selbst zu erkennen, und besessen genug, eine naheliegende Bequemlichkeit kompromißlos seiner künstlerischen Entwicklung zu opfern.

Und wenn man nach der Lektüre von *Fasching* noch einmal *Moos auf den Steinen* liest, dann wird man darin eine kurze Passage neu entdecken, die schon auf die stimmige Metapher verweist, die Fritsch in *Fasching* für das Wesen der Zweiten Republik gefunden hat, und die zum künstlerischen Gestaltungsprinzip von *Fasching* geworden ist. Diese Metapher für das Wesen der Zweiten Republik taucht in *Moos auf den Steinen* als erste kurze, poetische Ahnung an jener Stelle auf, in der Jutta, die Tochter des Schloßherrn, ihrem Verlobten Dr. Mehlmann den Vorschlag macht, sich zu verkleiden. Man hatte eben Mehlmanns Ideen zur Rettung von Schloß Schwarzwasser besprochen und seine Vorschläge akzeptiert. Das Schloß würde zwar zu etwas gänzlich anderem gemacht werden, als es vordem war, aber immerhin werde man es dadurch erhalten können. Das müsse man feiern – durch eine Maskerade. Mehlmann stimmt zu, denn »Spaß muß sein«. Allerdings will Jutta, daß ihr Verlobter Frauenkleidung anzieht, in das Kleid einer Tante soll er schlüpfen, es sei das einzige, sagt Jutta, das ihm passe. Die Aggression, das Entsetzen, die Abwehr Mehlmanns kann man in ihrer Bedeutung erst verstehen, wenn man *Fasching* gelesen hat.

Der Transvestismus ist die durchgehende Metapher im Roman *Fasching*. Sie ist der Ausgangspunkt der Erzählung, Katalysator sämtlicher erzählter Konflikte, ihre dialektische Spannung sorgt für die Dynamik der Sprache, der Reden der Hauptfiguren, und sie ist das monströs-brutale Ziel, auf das die Erzählung unerbittlich zusteuert, sie ist Prinzip, Struktur und Telos des Romans.

Fasching ist die Geschichte des Felix Holub, der aus der Deutschen Wehrmacht desertiert und die Zeit bis zur Befreiung in einem kleinen österreichischen Dorf als Dienstmädchen verkleidet überlebt. Am Ende des Krieges bewahrt Felix Holub das Dorf vor einer letzten Abwehrschlacht und rettet es dadurch vor einer sinnlosen Zerstörung. Der Kommandant des letzten Aufgebots hat sich nämlich in das angebliche unschuldige Dienstmädchen verliebt und will es verführen. Um nicht im letzten Moment noch als desertierter Soldat entdeckt und hingerichtet zu werden, geht Holub zunächst auf die Avancen des Kommandanten ein, bis er Gelegenheit hat, ihn zu entwaffnen und zur Kapitulation zu zwingen.

Die Tatsache, daß sie in der Schuld eines Feiglings in Frauenkleidern stehen, wird zum Grund mühsam unterdrückter und schließlich gewalttätig sich entladender Aggressionen der braven Pflichterfüller, die, nunmehr brave Demokraten, selbst allesamt gespenstisch-komisch sich in sprachlichen Travestien verkleidet zeigen. Der Volkszorn entlädt sich im Finale des Buchs, als Felix Holub, der zehn Jahre nach dem Krieg ausgerechnet zur Faschingszeit in dieses Dorf zurückgekehrt ist, zur Faschingsprinzessin gewählt wird.

Diese Metapher verästelt sich bis in die Schicksale der Nebenfiguren. Da ist zum Beispiel Fiala, eine Art Dorftrottel mit Führerbärtchen, der von den nun zu Demokraten gewordenen Honoratioren des Dorfes dazu gezwungen wird, sich Frauenkleidung anzuziehen und im Dorfgasthaus als Klofrau zu arbeiten. Wollen sich die Honoratioren einen besonderen Jux machen, wird Fiala zum Tisch geholt, wo er mit einem absurden Übermaß an Essen und Trinken gequält wird, als farcehafte Inszenierung tätiger Reue:

»Bereust du, Fiala? Erzähle was dir gebührt hätte.

Fiala würgte an seinem Bissen. Kerker, sagte er, schwerer Kerker.

– Und im Dritten Reich?

– Kerker und die Sterilisierung.

– Und was hast du bei uns?

– Die Freiheit und ein herrliches Essen.«

Elias Canetti hat diese Stelle besonders hervorgehoben, sie »könnte nicht besser sein«, schrieb er. Ihr tatsächlich besonderes Gelingen bezieht sie aber aus der formalen und inhaltlichen Stimmigkeit der Metapher insgesamt. Dorothea Zeemann schrieb, zwanzig Jahre nach Fritschs Tod, zu Recht: »Auf diesem Fasching tanzen wir noch immer«.

Tatsächlich ist ja die Zweite Republik wesentlich eine Transvestitenrepublik.

Noch nie in der Geschichte hat die Bevölkerung eines Landes so oft in so kurzer Zeit ihre Identität wechseln müssen wie die Österreicher: von der Monarchie in die Erste Republik, von der Ersten Republik in den austrofaschistischen Ständestaat, vom Ständestaat in den Nationalsozialismus, vom Nationalsozialismus in die Zweite Republik – im Lauf nur einer einzigen Generation. Mit dem Ergebnis, daß daraus nicht das Bedürfnis nach der Erlangung einer wirklichen Identität entstand, sondern das Bedürfnis nach der Erlangung eines endgültigen Transvestismus: der Sozialpartnerschaft, in der jeder den Anschein seines gesellschaftlichen Gegenteils annimmt, um in dieser Verkleidung eine weitere Änderung vorwegzunehmen und eben dadurch definitiv zu verhindern.

Dieser österreichische Transvestismus ist Erlösung und Rettung ohne Helden – so wie Felix Holub das Dorf nicht aus heldenhaftem Entschluß rettete, sondern aus Angst und aus Zufall. Im Grunde ist ja auch Holub, wie er auch selbst sagt, ein Opportunist, er wollte nur davonkommen; genauso wie er zehn Jahre später, wieder zurück in diesem Dorf, den ehemaligen Nazis, die ja auch nur davonkommen wollten, gar nichts vorzuwerfen hat, sondern nur in Ruhe gelassen werden wollte. Nicht weil er ein Held, sondern eben weil er kein Held, weil er ebenfalls Opportunist war, konnte er bei den anderen Opportunisten diese Aggressionen auslösen: weil das Bild des Opportunisten in Frauenkleidern, der zum unfreiwilligen Helden wurde, ein besonders peinliches und entlarvendes Spiegelbild all derer ist, die ihren Opportunismus so exportiert in immer anderem Gewande zeigen mußten: vor lauter Opportunismus waren die braven Österreicher gleich begeisterte Nazis und wollten Kriegshelden sein, um es dann aber nur unfreiwillig gewesen zu sein, weil sie ja plötzlich ihren Opportunismus und ihre bedingungslose Verläßlichkeit im Gewande begeisterter Demokraten ausstellen mußten.

Im allgemeinen Bewußtsein Österreichs gibt es keine Helden des Widerstands, sie sind tot oder totgeschwiegen, gesellschaftlich desavouiert, so daß sie nicht einmal Aggressionen auslösen können.

Der Held in Österreich ist *die* Vorsehung, die es gut gemeint hat mit diesem Land, weil sich alle immer so falsch bedeckt gehalten haben.

Manche Passagen in diesem Roman sind zwar mißglückt, weil sich in ihnen die Sucht nach sprachlichen Experimenten und nach Aneignung der literarischen Moderne verabsolutiert und noch nicht gemeistert zeigt – es sind dies vor allem die monologischen Partien Felix Holubs in seinem Versteck – dennoch ist *Fasching*, entgegen der allgemeinen Meinung – der *erste* Roman von Gerhard Fritsch. Und es ist zugleich nicht nur *sein* letzter Roman, sondern der letzte Roman überhaupt, der so analytisch und mit einer solch stimmigen Metapher sich mit der österreichischen Identität auseinandersetzt. Die Bedeutung, die dem Roman *Moos auf den Steinen* bloß a priori aufgebürdet war, hat erst *Fasching* tatsächlich. Durch die besessene Auslotung der literarischen Möglichkeiten der Moderne und seines Themas stellte Fritsch sie a posteriori her. In *Fasching* beschäftigte sich Fritsch nicht mehr mit ideologisch aufgeblasenen Splittern der Realität, sondern ging aufs Ganze.

So gesehen ist es nicht verwunderlich, daß dieser Roman kein Erfolg wurde. Die Erstauflage von dreitausend Exemplaren wurde nicht einmal nach Jahren zur Gänze verkauft. Das ist insofern doch erstaunlich, weil Fritsch damals, wie schon gesagt, ein mächtiger und einflußreicher Mann im österreichischen Literaturbetrieb war, und daher zumindest höfliche Kritiken, ein wenigstens mittelmäßiger Verkauf und die übliche transvestitenhafte schulterklopfende Zustimmung zu erwarten gewesen wären.

Aber Fritsch hat die Harmonie, für die er im Literaturbetrieb gebürgt hatte, durch seinen Roman bedroht. Er hat sich mit *Fasching* vom Betrieb freigeschrieben, weil die Wahrheit seiner Literatur nun seine Position im Literaturbetrieb negierte. Nun war er frei, endlich wirklich ein freier Schriftsteller – und ausgerechnet jetzt benötigte er, wegen des kommerziellen Mißerfolges seines Romans, zum ökonomischen Überleben den Betrieb dringender als zuvor. Ein Ansuchen beim Ministerium zur Subventionierung eines neuen Romans wurde abgelehnt. Er hatte schon alle Förderung erhalten, die es damals in Österreich gab. Natürlich ist es höchst unwahrscheinlich, daß sich Fritsch deshalb umbrachte. Genauso wie es nie bewiesen werden kann, daß Fritschs Selbstmord der Anlaß dafür war, daß unmittelbar danach die Staatsstipendien für Literatur eingeführt wurden.

Was immer die subjektiven Gründe für seinen Selbstmord waren, objektiv ist Fritsch am Literaturbetrieb gescheitert, den in seiner besonderen Gestalt zu konstituieren er selbst wesentlich beigetragen hatte. Der Betrieb wollte die Synthese von Widersprüchen, und nicht den wirklichen Widerspruch. Er wollte die Zustimmung zum österreichischen Wesen, duldete noch murrend überraschende formale Varianten dazu. Aber er wollte auf keinen Fall die Analyse des österreichischen Wesens, und nicht die kritische Gewalt, die Fritsch am Ende besaß. Der Betrieb konnte, wie sich gezeigt hat, die Veröffentlichung von Texten von Gerhard Rühm nach ein paar anfänglichen Protesten noch absorbieren, aber er konnte nicht umgehen mit *Fasching*.

Bis heute hat der Literaturbetrieb in Österreich recht, wenn er irrt und Fritsch als Beispiel zitiert – der Betrieb war und ist »von brutaler Verstocktheit und brutalem Unverstand, lähmend und tötend«. Es sollte fast 30 Jahre dauern, bis *Fasching* neu aufgelegt und den Lesern wieder zugänglich gemacht wurde.

Wien, die Hauptstadt des ausgehenden 20. Jahrhunderts

Zu Leben und Werk von Hermann Schürrer

Als Hermann Schürrer am 29. November 1986 starb, war das zu seinen Lebzeiten erfolgreichste Werk des Dichters abgeschlossen: sein Leben. Es ist zwar stets gründlich mißverstanden, aber, im Gegensatz zu seinen literarischen Arbeiten, immerhin ausgiebig rezipiert und interpretiert worden. Von 1955 an hatte Schürrer intensiv und ausschließlich geschrieben, die hohe Qualität seiner Literatur ist stets außer Frage gestanden – mit ihr beschäftigt hat man sich nie. Gegenstand der Rezeption Schürrers und der Diskussion über Schürrer war ausschließlich das, was seine Existenzweise genannt wurde, seine Haltung, oder schlicht sein Benehmen.

Der erste längere Aufsatz über Hermann Schürrer, Reinhard Priessnitz' Nachwort zu Schürrers Lyrikband *Der kleinere Teil einer größeren Abrechnung*, ist nichts anderes als eine phänomenologische Darstellung von »Schürrers Dichterleben«, die noch auf seine »art zu sprechen«, nicht aber auf seine Dichtung eingeht. Daß Schürrer, zeitweise obdachlos, in öffentlichen Bedürfnisanstalten übernachten mußte, wird aber als exemplarische Konsequenz eines Kunstanspruchs gerühmt, die jeder Käuflichkeit zu entgehen trachtet – außer acht lassend, daß auch Gedichte, die man in Lokalen gegen Biere tauscht, Waren sind. Im Österreich-Band von Kindlers Literaturgeschichte findet Schürrer Erwähnung, die an das Buch der Rekorde erinnert: seine Bestleistung war, daß seine »Art von Existenz [...] das Bild vom hungernden Dichter in der Dachstube noch bei weitem übertrifft.« Zu Schürrers Lyrik steht in dieser Literaturgeschichte kein Wort, aber Priessnitz' Nachwort über Schürrers Leben wird zitiert.

In Peter Weibels Kompendium über den Wiener Aktionismus wird Schürrers Leben wie ein aktionistisches Kunstwerk beschrieben, sein »stil der existenz jenseits von subvention« sogar als Kommunikationsstrategie interpretiert. Von Schürrers Gedichten aber erfährt man nur, daß sie »verloren, verschollen« seien, bzw. daß Schürrer »sich im lokal damit den arsch ausgewischt« habe. Wäre dies wahr, dann wäre das Fehlen einer Beschäftigung mit seinem Werk zwar erklärt, aber – und das wird ausgeblendet – auch die Beschäftigung mit seinem Leben obsolet. Denn Obdachlosigkeit, Aufenthalte in psychiatrischen Anstalten, Alkoholismus etc. kann doch wohl nur auf der Basis eines existierenden künstlerischen Werkes für Literaturgeschichte und Kunstkompendien von Interesse sein.

Tatsächlich ist Schürrer äußerst sorgsam mit seinen Gedichten umgegangen, und Peter Weibel hat dies sicherlich gewußt. Aber das allgemeine Interesse ausschließlich an Schürrers Leben muß einen starken allgemeinen Grund gehabt haben, weshalb man die Interpretationen von Schürrers Leben und deren Versuch einer Legendenbildung wohl so lesen muß wie alle Ideologien: auf verzerrte Weise geben sie Hinweise auf die Wahrheit: wenn also das ausschließliche Interesse des Publikums dem Leben Schürrers galt, und dieses stets als radikale unkorrumpierbare Opposition interpretiert wurde, dann kann das nur bedeuten, daß in Wirklichkeit Interesse am Nachweis bestand, daß Opposition – selbst eine so radikale, die zu individueller Selbstzerstörung führt – gesellschaftlich folgenlos bleibt.

Diese ideologische Ausbeutung von Schürrers Leben entlastet gleich doppelt: sie entbindet vom Anspruch radikaler Opposition, und sie entbindet aber auch vom Gefühl, deswegen selbst affirmativ und angepaßt zu sein. Bestimmtes Sein und Negation sind dadurch nicht mehr Antithesen, sondern werden plötzlich zu bloßen Varianten, das Trennende verschwindet hinter dem Gemeinsamen – wie es in Österreich ja auch sein soll. Und es ist tatsächlich dieser Sachverhalt, auf den alle Darstellungen und Interpretationen von Schürrers Leben letztendlich verweisen: etwa Weibels Satz von »schürrers stil der existenz jenseits von subvention« verweist ja nicht nur auf die Differenz Schürrers zu den subventionierten (korrumpierten?) Künstlern, sondern – ohne es allerdings ganz auszuplaudern – auch darauf, daß Schürrer das Problem der Subventionierung von Kunst mit jenen gemeinsam hat: Schürrer hat zwar Subventionen von Staat, Gemeinde oder Institutionen lange Zeit ausgeschlagen oder nicht bekommen, aber dafür Privatpersonen im Beisl zu Subventionierung und Mäzenatentum gezwungen, indem er sie zur Bezahlung der Zeche aufforderte. Da aber in einem historischen Kontext, der dadurch gekennzeichnet ist, daß begüterte Privatpersonen als Mäzene und Förderer der Künste weitgehend vom subventionierenden Staat abgelöst worden sind, »schürrers stil der existenz« sich daher nicht »jenseits von subvention«, sondern jenseits von diesen, aber durchaus diesseits von jenen Subventionen befand, ist die Schürrersche Praxis daher kaum als Antithese bzw. Opposition zu Subvention interpretierbar, sondern entpuppt sich plötzlich als bloße Variante – noch dazu als schlechtere, als historisch überholte.

In Peter Matejkas Roman *Fünfjahresplan*, der sich zu einem guten Teil mit der »Subkultur der Bundeshauptstadt« beschäftigt, gibt es eine Beschreibung von Schürrers »Stil der Existenz«, die diese Identität mit der Differenz besonders schön vorführt. In dem betreffenden Kapitel erzählt Matejka von einer Vernissage in der Galerie Grünangergasse im Jahre 1971:

»Zwei junge Leute (Studenten?) ersuchten den Hanser-Autor Hermann Schürrer, er möge doch ein wenig leiser sprechen, sie wollten sich die Fotos in Ruhe ansehen. Hermann Schürrer brüllte: ›Wer da herinnen ein Trottel ist, das bestimme ich, und deshalb werdet ihr jetzt die Goschen halten!‹ Die Studenten schwiegen. Anschließend ging Schürrer zum bekannten Maler Arnulf Rainer, der sein Haupt kahlgeschoren trug und eine Jacke aus dem Stoff anhatte, wie er in Heil- und Pflegeanstalten benutzt wird. Schürrer faßte den kleinen Arnulf Rainer an der Schulter, beutelte ihn hin und her und sagte ein paarmal zu ihm: ›Du kleiner Idiot!‹ Arnulf Rainer entgegnete nichts. Schürrer ging auf die Straße, öffnete die Hosentür und urinierte, wobei ihm die Maler Attersee und Aratym zuschauten.« Dann erfährt man noch, daß Schürrer, als die Künstler die Vernissage verließen, in zwei Lokalen je einen Tisch zertrümmerte.

In dieser Romanpassage wird das auffällige Benehmen Schürrers zum auffälligen Äußeren des Malers Arnulf Rainer in Beziehung gesetzt. Das auffällige Äußere, ein traditionelles Merkmal avantgardistischer Künstler, soll Antibürgerlichkeit und Opposition zu allem Etablierten und zur etablierten Kunst ausdrücken. Die Differenz existiert aber nur in der Absicht, in der Wirkung stellt sich hinterrücks die Identität mit dem ein, wovon sie sich abgrenzen möchte. So stand zum Beispiel in der schon erwähnten Kindler-Literaturgeschichte über Ingeborg Bachmann, daß »sie sich [bei einem Empfang in der Hofburg] in einem Pagenkostüm, mit schwarzer Kniehosen und Cherubino-Wams eingefunden hatte«, wozu der Kritiker Friedrich Geyrhofer anmerkte: »Die dick aufgetragene Manier ist nichts anderes als Firnis über kleinbürgerlichen Manieren.«

Nun hat das Auftreten Schürrers (gewiß unbürgerlich und auffällig) nicht nur starke Affinitäten zum Äußeren Arnulf Rainers, sondern – und hier hat Peter Weibel durchaus recht – auch zum Wiener Aktionismus, zu dem Franz Schuh anmerkt: »Der Aktionismus ist die groteske Übertreibung kleinbürgerlicher Tischmanieren«.

Bürgerlichkeit, Kleinbürgerlichkeit, Antibürgerlichkeit,

Etabliertheit, Avantgarde, radikale Außenseiterposition stellen sich als eine Reihe bloßer Varianten heraus, jede ist in Wesen und Wirkung deutlich mit den anderen verwandt, und je deutlicher Differenzen demonstriert werden, desto stärker wird bloß das, worin sie in Wahrheit identisch sind, übertrieben. Dies macht natürlich jede Radikalität, die an die Substanz des Lebens eines Künstlers geht, überflüssig, und es genügt tatsächlich, eine Jacke aus dem Stoff zu tragen, wie er in Heilanstalten benützt wird, statt ein Leben zu führen, das zu Einweisungen in Nervenheilanstalten führt. So ist auch bei Rainer, im Gegensatz zu Schürrer, wesentlich das Werk rezipiert worden, und nicht sein Auftreten. Die in seinem Auftreten demonstrierte Antibürgerlichkeit konnte nur eine kleine Referenz sein, die zeigen sollte, mit welcher Seite des Widerspruchs, der nicht mehr wirklich existiert, er eine etwas nähere Verwandtschaft empfindet.

Vielleicht ist dies der Grund dafür, warum im Falle Schürrer es aber das Leben und nicht das Werk war, das so genau verfolgt, immer wieder beschrieben und interpretiert wurde: weil Schürrers Leben durch seine bis an die Grenzen der Selbstzerstörung gehende Radikalität als vorgelebte Beweisführung erlebt werden konnte, stellvertretende Lehrjahre, die zeigten, daß eine solche Radikalität obsolet geworden ist, sie daher gesellschaftlich folgenlos bleibt, und das Werk ohne Wirkung. Die Lehre war: die Möglichkeit der Kompromißlosigkeit – unter Voraussetzung des sozialpartnerschaftlichen Kompromisses als umfassendes gesellschaftliches Organisationsprinzip – ist buchstäblich und allgemein das, was durch die Rezeption von Schürrers Leben beispielhaft daraus wurde: eine Legende.

Aber auch wenn es stimmen sollte, daß Schürrers Existenzweise Folge seines radikalen Kunstanspruchs war, also ein unmittelbarer Zusammenhang zwischen Leben und Werk besteht, dann ist damit ja noch immer nichts über sein Werk ausgesagt. Denn diesen Zusammenhang haben diejenigen ja nur behauptet, die die Legendenbildung um sein Leben betrieben, aber auf sein Werk nie eingingen. Nun ist aber Schürrers Werk keine Legende, sondern existiert wirklich. Schürrer hat zwar lange Zeit nichts, dann wenig, später im eigenen Kleinverlag Freibord veröffentlicht (auch eine bizarre Lebensironie Schürrers: der Anarchist als Kleingewerbetreibender), doch als 1984 seine gesammelte Lyrik aus drei Jahrzehnten in einem Prachtband im Medusa-Verlag erschien, hätte man allerdings erwarten können, daß nun endlich sein Werk in den Mittelpunkt des Interesses rückt. Die Buchpräsentation in der Wiener Sezession war nachgerade ein gesellschaftliches Ereignis, und tatsächlich war wieder über Hermann Schürrer in der österreichischen Presse zu lesen, und zwar nicht mehr auf den Gerichtsseiten, sondern schon auf den Kulturseiten, aber erstaunlicherweise waren alle Reaktionen auf seine gesammelte Lyrik wieder nichts anderes als Nacherzählungen von Schürrers groteskem Leben, ideologische Überhöhungen seines Lebenselends, dessen Zusammenhang mit seinem Werk lediglich vorausgesetzt oder behauptet blieb. Dabei hatten die Literaturkritiker, ohne es zu wissen, mit ihrem Kurzschluß sogar recht, denn der Zusammenhang besteht tatsächlich. Der Irrtum war lediglich, daß er sich am Leben Schürrers deutlicher zeige als in seinem Werk. Wenn es nämlich stimmt, daß Schürrer, wie oft wiederholt wurde, versucht hat, sein Leben zu einer Demonstration persönlicher und künstlerischer Freiheit auszugestalten und dabei sämtliche sozial vorgegebenen Grenzen in einem fort zu überschreiten, so zeigen seine Texte deutlicher als sein Leben, daß diese Grenzen längst elastisch geworden sind.

Den Ehrenschutz über Schürrers Buchpräsentation hatte der damalige Bürgermeister Helmut Zilk übernommen. Dieser Sachverhalt konnte nur diejenigen überraschen, die Schürrers Werk nicht kennen, denn erst dieses sagt aus, was das bedeutet.

Das literarische Werk Schürrers war ja zunächst ein großangelegtes Scheitern im Versuch, sich gegen die Strukturierung des Geisteslebens im Sinne der sozialpartnerschaftlichen Ästhetik zu stemmen, und es ist der so strukturierte Überbau, in dem ein Bürgermeister Zilk erst möglich wurde.

Mit seiner Literatur hatte sich Hermann Schürrer vor der (Literatur-)Geschichte sicherlich zum Wiener Gegenbürgermeister promoviert. Schürrers Schriften sind das Pendant zum Wort des Helmut Zilk, das als Konsens von allem, was sich »in eigener Sache« formulieren läßt, regiert.

So wie Schürrer war ja auch Zilk ein Grenzüberschreiter. Einen Schürrer-Vers paraphrasierend kann man sagen, daß Zilk die Rastlosigkeit der Identität aufgab, um seßhaft von Funktion zu Funktion zu ziehen. In diesem Zerfließen der Identitäten, das signifikativ ist für das Leben in der Hauptstadt der Sozialpartnerschaft, sind natürlich jene die Repräsentanten, die in diesem allgemeinen Verschwimmen sich zu bewegen verstehen wie ein Fisch im Wasser – sei es vor laufenden Fernsehkameras oder vor den weinseligen Augen des Publikums im Szenen-Beisl.

Was die als »grenzüberschreitend« bezeichnete Existenzweise Schürrers also praktizierte, hatte Zilk längst patentiert. Und die Stadt, die Zilk regiert, wurde von Schürrers Werk gleich zur Hauptstadt der Welt erklärt. Denn geographisch sind die Grenzen nicht, die Schürrers Werk überschreitet. Zwar beginnt sein Gedicht »Plädoyer für ein Denkmal« mit der Zeile »Om mani padme hum«, der Segensformel des Lamaismus, das Gedicht »Im wilden Westen nichts Neues« beginnt mit der Paraphrasierung eines Spanienklischees, im Gedicht »Iliassa – Centre de Danse« werden Frankreich, Rußland und Griechenland angesungen, »Orpheus« beginnt und endet englisch, in »E. März« finden wir türkische Vokabeln etc.

Und doch muten diese Elemente im Kontext der Gedichte, ja vor allem im Kontext der Schürrerschen Lyrik generell, bloß als mystische, archaische Silben an, die – so wie die auf den Reisen entstandenen Gedichte – ein letztendlich nicht umstürzbares viennazentrisches Weltbild bloß umranken.

Die internationalen Fluchtpunkte seiner Lyrik sind bei genauerer Betrachtung Signale einer Fliehkraft, die daher kommt, daß seine Gedichte – in jedem Wortsinn – rasend immer denselben Punkt umkreisen: Wien. Dieses Eindrucks kann man sich nicht verwehren, nicht nur beim Blick auf so deutliche Beispiele wie »Wiener Luft« oder »Unio mystica«, die zwei bekanntesten, ja sogar relativ bekannten Gedichte Schürrers. Vordergründig sichtbar ist dies auch bei der ganzen Reihe von Schürrer-Gedichten, die sich unmittelbar auf irgendwelche Orte, Bereiche, Lokale oder Personen in Wien beziehen, wie z. B. »Schönbrunn«, Schürrers erstes Gedicht überhaupt, »Café Sport«, »Tante Paula Monolog«, »Art-Center« etc. Aber auch in den komplexeren, hermetischen Gedichten lassen sich immer wieder Facetten Wiener Realität, Personen, Situationen, Sachverhalte enträtseln, die nicht bloß »eingewoben« sind, sondern nachgerade das »Rückgrat« des Gedichtes bilden. Im viennazentrischen Weltbild geht alles Übel von Wien aus – aber alles Heil, jede Chance auf Rettung kann auch nur von Wien ausgehen.

Ein Gedicht, in dem sich diese Identität etwa zeigt, ist »Wiener Triangel«, dem zumindest zu entnehmen ist, daß Schürrer sich eine schönere Welt so vorstellt, daß sie »so gut wie nichts zu tun hat mit dieser«, mit Wien, aber auch »nicht viel« mit einer, die nichts zu tun hat mit dieser. Dieser Viennazentrismus ist in seinem Umfang und seinen Ausformulierungen nicht einfach damit zu erklären, daß Schürrer eben hauptsächlich in Wien lebte und daher das entsprechende Lokalkolorit in seine Literatur einsickern ließ. Schürrer hatte ja keine literarische Konzeption, die in irgendeiner Weise auf die gestaltende Abbildung der Wirklichkeit, die geographisch eben als »Wien« bestimmbar ist, abzielte und daher Elemente spezifisch wienerischen Lebens in seine Literatur einwob, so daß man erkennt: aha, das spielt in Wien, so wie die *Buddenbrooks* in Lübeck, so daß die verallgemeinerbare Wahrheit im besonderen dieser Literatur eben die spezifisch wienerische oder Lübecksche Note hat, oder – wie in trivialen Fassungen dieser Konzeption – daß weiters nicht ortsspezifische Platitüden folkloristisch eingefärbt werden.

Außerdem wird in einer Literatur, die »das Leben« oder sonst etwas, womöglich »wie es so ist«, an einem bestimmten Ort beschreibt, dieser Ort deshalb nicht sofort zum Mittelpunkt der Welt und schon gar nicht die an diesem Ort vorherrschende Geisteshaltung zum intellektuellen Rubikon, den jedwede Geistesbewegung der Welt überschreiten müßte, will sie »die Menschheit« erobern. Im Gegenteil: in einer solchen Literatur ist der Ort im allgemeinen immer deutlich als Winkel der Welt spürbar und der Geist, der durch diesen Winkel weht, als ein lokal beschränkter.

Das Eigentümliche aber bei Schürrer ist eben, daß Wien nicht Lokalkolorit für seine Literatur abgab und auch nicht Metapher wurde, sondern schlicht zum Mittelpunkt der Welt geriet, zum – wie der *Spiegel* schrieb – »Zentrum [...], eine Art kosmisches Loch«, und daß Spezifika des geistigen Klimas in Wien nicht zu einem illustrativen Element seiner Literatur wurden, sondern zu einem Weltbild verdichtet, das seine Literatur verkündet.

Die politische und soziale Bedeutung dieses Weltbildes wird in Schürrers Prosa erklärt, am augenfälligsten und gedrängtesten wohl am Schluß seines Romans *Kriminelle Spielereien*, in dessen Schlußapotheose, wo die Verbesserung nicht nur Mitteleuropas, sondern der ganzen Welt, die Weltrevolution, beginnt: natürlich in Wien – mit einer Besetzung des Burgtheaters, der Verminung der Rossauerkaserne, der Sprengung der Donaubrücken, der Einnebelung von Schwechat und Aspern und einem Flugzettelabwurf über der Stadt: »Servus, Grüß Gott, liebe Untertanen, bleibt so doof wie bisher!«

Dieses Unterfangen erscheint zunächst wohl ziemlich sinnlos, denn wozu die ganzen Aktionen, wenn es gar nicht darum geht, die »Untertanen« wachzurütteln und zu einer revolutionären Erhebung zu führen?

Man darf hier natürlich nicht vergessen, daß Wien eben auch dadurch charakterisiert ist, daß die Repräsentanten der Subkultur immer auch die Allüren des Bürgermeisters haben, oder, anders gesagt, daß man in Wien seine Identität nur noch janusköpfig wahren kann: Karriere, sei es als Bürgermeister, sei es als Revolutionär, kann nur noch der machen, der Gewerkschaftsboß ebensogut wie Chef der Industriellenvereinigung sein könnte. So entpuppt sich obige Romanstelle Schürrers als nachgerade geniale Erfassung jener aktuellen Entwicklung, derzufolge gerade dadurch, daß die Untertanen »doof bleiben«, an ihrem, dem wienerischen (bzw. österreichischen) Wesen dereinst die Welt genesen wird, d. h. die historisch entwickelten Gesellschaftsstrukturen und Herrschaftsverhältnisse auch zunehmend im internationalen Maßstab in einem konfliktminimierenden, harmonischen, daher als »Friede« erscheinenden Modell, dem österreichischen, sich verewigen, ihr bürgerliches Geschichtsziel erreichen.

Unter den gegebenen Voraussetzungen, in denen der Protest noch zur Affirmation des Bestehenden gereicht, wird das Agitieren zum Selbstzweck, das wissen die Schürrerschen Weltverbesserer und betreiben ihre revolutionären Aktivitäten von vornherein als Selbstzweck, die Untertanen können ruhig so »doof bleiben, wie bisher«, bleiben sie es nämlich nicht, ändern sie auch nichts und fielen höchstens in der immanenten Entwicklung des gesellschaftlichen Lebens zurück, das sie in Österreich, so »doof« sie sind, immerhin im internationalen Kontext avantgardistisch modellhaft organisieren bzw. es duldend als solches legitimieren: die Sozialpartnerschaft, das perfekteste Herrschaftsstabilisationssystem der Geschichte. Daher beginnt bei Hermann Schürrer die »Verbesserung« der Welt in Wien, und genau eben darum geht auch alles Unheil für ihn von Wien aus. Und seine Romanfiguren, die um sich schlagen, ohne zu glauben, damit etwas verändern zu können, sind Metaphern für das, was Schürrer selbst durch seine Existenzweise vorgeführt hat, die die Geister Wiens daher so begeisterte: denn sie können von Schürrer, wie aus der Literatur, die sie aber nicht lesen müssen, lernen, daß die Opposition folgenlos bleibt, die eigene Anpassung daher nicht Verrat, sondern bloß eine Variante der Opposition darstellt.

Der Beifall, den Schürrers Existenzweise erhielt, galt seinem exemplarischen Scheitern, das man auch so formulieren kann: seine Freiheitsgesten beschäftigten sich zwar mit dem sozialen System, nicht aber mit dessen Funktionieren, Schürrers Um-sich-Schlagen ist wohl auf die Sozialpartnerschaft losgegangen – hat sie aber letztlich fetischisiert. Denn dies hatte der Sozialpartnerschaft noch zu ihrer Perfektion gefehlt: daß ihr das Bewußtsein produziert wird, daß nicht nur eine Köchin, sondern sogar ein gemeingefährlicher Anarchist das Gemeinwesen lenken könnte, ohne daß sich etwas ändern würde.

In den *Kriminellen Spielereien* schrieb Schürrer an anderer Stelle: »Ich denke, daß Wien als Übungsplatz für die späteren Aktionen in aller Welt am geeignetsten ist. Quasi als Blutspendezentrale doch noch zu einer moralischen Rolle kommt, die dieser Stadt bis jetzt versagt blieb. Es geht uns nicht mehr um Europa allein, es geht uns um die ganze Welt. Sie muß heil bleiben bzw. heil werden, vor allem heil werden, verbesserte er sich noch einmal.«

Er verbesserte sich, aber es ist egal, er verbesserte nicht

die Welt – was aber auch egal ist, denn kann eine Welt noch verbessert werden, deren Hauptstadt Wien ist?

Um Wiens Stellung in der Welt zu verkünden, warb der Wiener Fremdenverkehrsverband mit folgendem Inserat: »Das ist Wien: Hochkultur, Subkultur, TV-Kultur, Arena-Kultur, Weinkultur, Pop-Kultur, Baukultur... In Wien kann man unheimlich aktiv sein. WIEN!«

In Wien ist alles Kultur und als Kultur alles eins, die Subkultur ist ein Bestandteil der offiziellen, Zilk hat also bereits die Regentschaft über Schürrers Domäne übernommen, und die Pointe ist der schürrerhafte Hinweis, daß unheimlich ist, wer da aktiv sein kann.

In Schürrers Lyrikband *Klar Schilf zum Geflecht*, für dessen Präsentation Zilk den Ehrenschutz übernommen hatte, steht auf Seite 294: »Bewundern wir Touristen / Diese österreichische Attraktion«.

Der Name der Rose ist Dr. Kurt Waldheim

Der erste postmoderne Bundespräsident

> Populationen leben den Stil der Zitate,
> derer sie mächtig sind.
>
> *Oswald Wiener*

Österreich war nie ein wirklich modernes Land.

Weder die Emphase des industriellen Fortschritts noch das Pathos der Aufklärung haben hier jemals eine geschichtsmächtige, umwälzende Rolle gespielt. Österreichs Geschichte ist vielleicht deswegen besonders reich an Tragödien. In der Zweiten Republik, deren Staatsmythologie im wesentlichen aus Retrospektiven besteht, mußte dies natürlich zu einer Serie von Farcen führen, die das wirtschaftliche, politische und kulturelle Sein Österreichs bestimmen.

Österreich ist nicht nur reich an Geschichte, man hatte hier nach dem Krieg buchstäblich genug von Geschichte, weshalb der Anspruch der Zweiten Republik, aus der Geschichte gelernt zu haben, umgesetzt wurde in die Konstruktion einer Immobilität, die es erlaubte, mit den fortwirkenden Konsequenzen der Fehler der Vergangenheit irgendwie zu leben, statt sich ihnen zu stellen; Fesseln werden grundsätzlich als Verband für die Wunden der Vergangenheit empfunden, statt sie abzuwerfen.

Geschichte ist ja in Österreich das, was die Medien als etwas verbreiten, das wir glücklicherweise irgendwie überlebt haben. Als solche, sozusagen als ein System von Narben, ist sie völlig im Heute aufgegangen, Vergangenheit, Gegenwart und Zukunft sind hier früher und umfassender als anderswo in eins zusammengefallen.

Geschichte ist dadurch in den Zustand der ewigen Gegenwart eingetreten, was Doderer unter dem Stichwort »unser normaler Zustand« in folgendem Bild formuliert hat: »Schwimmst wie ein Blatt am Wasser, mit Adhäsion an der Oberfläche, und augenlos über der Tiefe.«

Doderer hat in seinem letzten, leider unvollendeten Roman, *Der Grenzwald*, eine Figur geschaffen, die er, wie man den Tagebüchern entnehmen kann, ganz bewußt als zutiefst österreichische Existenz konzipiert hatte, die paradigmatisch sei für die neuere österreichische Geschichte.

Doderer beschreibt im *Grenzwald* das Leben eines Heinrich Zienhammer (ursprünglich sollte er übrigens Zeithammer heißen!), der in Wien eine Karriere als Staatsbeamter anstrebt. Er ist ein Streber, der aber genau weiß, daß es unklug ist, als ein solcher aufzufallen. Alles, was er lernen muß, lernt er perfekt, aber zugleich bleibt es ihm äußerlich und bedeutungslos. Er hat schon die ersten Sprossen der Karriereleiter erklettert, als er in den Krieg eingezogen wird, in dem er als Leutnant dienen muß. Dieser Kriegsdienst begeistert ihn naturgemäß nicht, er empfindet ihn als Unterbrechung seiner natürlichen Laufbahn, allerdings weiß er auch, daß nur die Verweigerung dieser Pflicht seine Karriere definitiv beenden würde. Sein Bestreben ist es daher, diesen Krieg einfach irgendwie zu überleben, sich durchzuschwindeln und nach Ende des Krieges wieder eine gute Position für die weitere Karriere erobern zu können. Er wollte, schrieb Doderer, alles richtig machen. Er nahm sich in acht. Und er machte sich nützlich. Und er wird auf jene Weise schuldig, die er jederzeit als Unschuld auslegen kann: er wird, gewissermaßen als bürokratisches Zwischenglied, am Tod von Menschen mitschuldig, gewissenlos wissend, daß weder die Entscheidung, diese Menschen zu liquidieren, noch die Durchführung dieser Liquidation in seine unmittelbare Verantwortung fallen.

Mit alldem ist Zienhammer, wie Doderer anmerkt, weitaus kein perfekter Schurke«, »keinesfalls böse«, denn »er hat auch in dieser Dimension kein Format«, er ist vielmehr nichts als ein »Funktionär«, »ein fatologisches Nichts«,

Prototyp des »Undezidierten« und als solcher allerdings »für alles anfällig«. Doderer: »So kann aus der Mittelmäßigkeit das Finsterste kommen und zur Tathandlung werden«.

Zienhammer kommt aus dem Krieg zurück und setzt seine Beamtenkarriere nahtlos fort, in den »Schleimfäden seiner Interessen vor einem immer offen gehaltenen Hintergrunde«.

Bis Jahre später Zienhammers Verhalten im Krieg thematisiert wird und sich eine Katastrophe anbahnt. Zienhammer lügt, merkte Doderer an, aber er lügt nicht in dem, was er sagt, sondern in dem, was er nicht sagt. Zienhammer, so Doderer 1966, »ist ein wahrer Repräsentant unserer Zeit: ein Mann der routinehaften, impotenten Wurstigkeit, unansprechbar, aber auch unangreifbar: es ist daher ganz selbstverständlich, daß er siegt, daß er vernichtet, was ihm in den Weg gerät.«

Das alles kommt aus der Undezidiertheit: in ihr hat der Mensch wohl eine Chronik, aber keine Geschichte.

Bekanntlich lesen wir Bücher in verschiedenen Zeiten auf verschiedene Weise. Diesen Roman heute zu lesen, ohne an Waldheim zu denken, ist fast unmöglich. Ebenso unmöglich, jetzt an Waldheim zu denken und ihn nicht als ein wandelndes Zitat zu sehen, beziehungsweise als die farcehafte Wiederholung einer von der Literatur als Katastrophe beschriebenen österreichischen Existenz.

Man könnte fast daran zweifeln, daß es Waldheim überhaupt gibt. Vielleicht huscht er nur durch die Seiten der Literatur, durch die Spalten der Zeitungen und über die Bildschirme, und in Wirklichkeit hat ihn noch keiner gesehen. Das Ende der Zukunft ist auch in der Tatsache begründet, daß die Menschen Gestalten aus früheren Epochen nicht mehr als tot empfinden können, denn sie waren ja künstlich wie die Lebenden selbst.

Das Künstliche an Waldheim ist, daß sich seine Identität aus einem Ensemble von Zitaten und Paraphrasen zusammensetzt, und die Farce ist, daß diese, aus dem Zusammenhang einer Tragödie gerissen, sich heute mit leerer Erhabenheit verbindet, dem Amt des Bundespräsidenten.

Waldheims Identität als Bundespräsident ist eine Klitterung von Zitaten aus einer Vergangenheit, die als ganze im Dunklen bleiben soll, um sie mit Elementen anderer historischer Epochen montieren und konterkarieren zu können, etwa mit seiner Zeit als Uno-Generalsektretär. Das ist nicht, wie man meinen könnte, logische Folge des geschichtlichen Ablaufs eines menschlichen Lebens, das eben Verschiedenes, durch das es hindurch mußte, in sich aufhebt, sondern erinnert vielmehr an das Kompositionsprinzip eines postmodernen Gebäudes oder eines postmodernen Romans.

Die in sich inkohärenten Paraphrasen und Verweise auf verschiedene historische Epochen auf den Fassaden der postmodernen Architektur etwa haben ja auch mit dem Geist und der Wahrheit dieser vergangenen Epochen nichts im Sinn, sondern sagen nur dies aus: daß wir auf all dem Vergangenen irgendwie schwimmen wie ein Blatt auf dem Wasser.

Es scheint, daß wir in Österreich mit Waldheim den ersten postmodernen Präsidenten der Welt haben.

Zweifellos ist das Farcenhafte, das sich leer alldem entzieht, worauf es zugleich bezogen ist, und das mit wenigen Windungen einmal ins Ironische, dann ins Erhabene gedreht werden kann, ein wesentliches Charakteristikum dessen, was man die Postmoderne nennt. Ebenso die Aufhebung der Trennung zwischen der hohen Kunst und dem Trivialen – im Falle Waldheim die für alle unmittelbar sinnfällige Aufhebung der Trennung zwischen der hohen Kunst der Politik und einer solchen Politik, die tatsächlich so ist, wie der kleine Maxi sie sich vorstellt.

Waldheim gegenüber ist zum Beispiel der österreichische Bundeskanzler Franz Vranitzky antiquiert, ein bloß moderner Politiker. Der Unterschied zeigt sich deutlich im Unterschied, den die Bedeutung des Wortes »machen« bei diesen beiden Politikergestalten hat: Vranitzky gilt als »Macher«, d. h. an ihn wird eine Vernunft delegiert, die eine Kluft zwischen der hohen Kunst des Machens des Möglichen und der eingestandenen Trivialität des Sich-Einrichtens und (Über-) Lebens in den gegebenen Umständen aufreißt. Die Haltung der Bevölkerung Vranitzky gegenüber ist eine zwischen »Wie macht das der Vranitzky?« und »Er wird es schon machen!«

Waldheim aber definiert sich darüber, daß er nie etwas anderes gemacht hat als alle anderen (seine Wähler) auch, bzw. was sie auch gemacht hätten – die Frage, was gemacht wurde, wird durch die Frage, was man denn sonst hätte machen sollen, ersetzt, Machen also mit Nichts-gemacht-Haben, Ohnmacht und Überleben gleichgesetzt, und in dieser Gleichsetzung ist die Kluft zwischen dem höchsten Beamten des Staates und der breiten Masse der Staatsbürger nahtlos aufgehoben.

Daß er keiner »über uns«, sondern einer »von uns und wie wir« ist, spiegelt sich auch in der Sprache der Medien: »Wir werden mit ihm leben müssen«, schreibt der *Kronen-Kurier*. »Was woll'ma machen?« antwortet die breite Masse. Wenn es also Gründe gibt, zu Präsident Waldheim das Attribut postmodern zu assoziieren, dann sollte man vielleicht fragen, was das bedeutet. Was die Postmoderne, sei es als Philosophie, sei es als Kunst, als »Lebensgefühl« etc. im wesentlichen transportiert, ist eine Art sinnliche Gewißheit vom Ende der Aufklärung.

Die Postmoderne, also der Zeitgeist in Gedanken gefaßt, hat mit diesem Befund natürlich recht, auch wenn er eigentümlich spät kommt.

Denn das »Projekt Moderne«, wenn man so will, die

Aufklärung, war nur möglich unter der Voraussetzung, daß gesellschaftliches Sein in seiner historischen Gewordenheit und seinem Werden, und daß die wesentlichen gesellschaftlichen Kräfte in ihrem wirkenden Beziehungszusammenhang umfassend erkennbar und daher das Sein vernünftig umgestaltbar sei.

Materialistisch formuliert: daß das Marxsche Basis-Überbau-Modell funktioniert, d. h. daß sich Antagonismen in der ökonomischen Struktur einer Gesellschaft als Widersprüche im Überbau formulieren, daß Widersprüche im Ideenensemble einer Gesellschaft auf Klassenwidersprüche und -interessen dialektisch rückvermittelt werden können, ja überhaupt alle gesellschaftlichen Phänomene und Entwicklungen in einer begreifbaren Totalität sich zuordnen lassen. Die gesellschaftlich durchgesetzte und daher geschichtsmächtige Idee von einer Totalität, die begreifbar ist, über die daher aufgeklärt werden kann und die in Konsequenz veränderbar ist, ist Voraussetzung und Wesen der Moderne.

Nun erhebt sich aber heute der Überbau nicht mehr in zwar widersprüchlicher und komplex vermittelter, aber doch gleichsam naturgesetzlicher Konsequenz über der gegebenen und sich entwickelnden ökonomischen Basis, sondern nur noch auf einer konsenshaften Interpretation der Basis, aus der (nämlich der Interpretation) jeder Widerspruch eliminiert und durch den Reichtum einer schlechten unendlichen Vielfalt ersetzt ist.

Dies ist die Konsequenz der faschistischen Ära, in der die bewußtesten Teile der Bevölkerung physisch liquidiert worden sind, wodurch vernünftiges Denken, Widerspruch und gesellschaftlich wirksam werdende Aufklärung aus dem geistigen Überbau nachhaltig eliminiert waren. Dieses Potential fehlte dann natürlich nach der Zerschlagung des Faschismus während der Formierung des neuen Überbaus, der nicht der wiederaufgebauten (alten) ökonomischen Basis entwuchs, sondern auf einer *Interpretation* der Basis errichtet wurde.

Die kapitalistische Ökonomie hatte sich konsequent und ungebrochen entwickeln können, Faschismus und Weltkrieg waren da nur Etappen, für die Entwicklung des gesellschaftlichen Bewußtseins aber stellten Faschismus und Weltkrieg eine Zäsur dar, von der es sich nicht mehr erholen konnte und die die »klassische« Vermitteltheit von Basis und Überbau auseinanderbrechen ließ.

Der Faschismus hatte Widersprüche brachial gelöst, den Überbau uniformiert und von seiner Vermitteltheit mit realen gesellschaftlichen Antagonismen befreit. Diese Leistung des Faschismus haben die nachfaschistischen Gesellschaften geerbt: Es war kein gesellschaftlich relevantes allgemeines Bewußtsein mehr da, das sich als Widerspruch im Überbau hätte formulieren können.

Der von den Faschisten uniformierte Überbau stellte sich nach Austreibung des »faschistischen Geistes« als völlig leeres Gebilde dar, durch das nun ein »neuer Geist« wehen sollte, der umfassend beschworen, also künstlich produziert wurde. Die Produktion des neuen Überbaus fußte im wesentlichen auf allgemeinverbindlichen Prämissen (formaler Antifaschismus, Kritik an »Extremen«, Geschichtslügen etc.) und hatte eben dies, die Allgemeinverbindlichkeit und Uniformiertheit, strukturell mit dem faschistischen Überbau gemein. Die soziologischen und ökonomischen Konsequenzen des Faschismus bewirkten, daß darüber aber kein Bewußtsein aufkommen konnte: die bewußtesten Teile der Bevölkerung waren eben physisch liquidiert, wesentliche Teile des Kapitals aber sind gestärkt aus der faschistischen Etappe hervorgegangen.

Dadurch war auch die Idee der Totalität gestorben, nicht weil es keine Totalität mehr gäbe und nicht weil sie nicht mehr erkennbar wäre, sondern weil die gesellschaftliche Totalität nicht mehr umfassend im Überbau repräsentiert war und Totalität daher in gesellschaftlich wirksamer Form auch nicht mehr gedacht werden konnte. Für die weitere Entwicklung des Überbaus bedeutete das, daß gesellschaftliche Phänomene nicht mehr zuordenbar, nicht mehr im Kontext denkbar und verstehbar waren.

Das vor-faschistische Denken war ein Denken in Zuordnungen, der nach-faschistische Überbau aber ist charakterisiert durch eine einfältige Ergriffenheit gegenüber einer scheinbar zusammenhanglosen Vielfalt, die, seit Wiedereinsetzen der Überproduktion und damit der Moden, in einem immer rascher wachsenden Wust entsteht.

Das Bewußtsein antwortet darauf mit Erklärungs- und Verstehensverzicht und dem freien Jonglieren und Assoziieren von Elementen aus der Vielfalt der Phänomene, die sich zur Ausgestaltung unseres Seins anbieten.

Aus der Geschichte zu lernen hieß letztlich eben dies: die Wurzeln der Tragödie nicht zu reflektieren, sich in den Konsequenzen der Tragödie aber möglichst behaglich einzurichten.

Daß der Überbau uniformiert ist, sieht man nicht, weil er in die Unvermitteltheit einer ungeheuren Vielfalt wechselnder Phänomene zersplittert ist, aber auch daß er zersplittert ist, ist dem Bewußtsein entzogen, weil er ja durch radikale Vereinheitlichung, Ausblendung gesellschaftlicher Widersprüche und durch die Gleichschaltung auf der Basis des Pluralismus charakterisiert ist.

Daß heute alles möglich ist, heißt, daß nichts mehr wirklich werden kann – und das hat das postmoderne Denken, ohne es wissen zu können, erfaßt.

Das postmoderne Bewußtsein ist die Emphase von der Beliebigkeit der Beziehungen, die die Phänomene heute eingehen können, weil reale gesellschaftliche Vermitteltheiten keine Rolle mehr spielen bzw. durch das Prinzip Beliebigkeit ersetzt sind: das allgemeine Bewußtsein ist eine Klitterung aus Versatzstücken der Geschichte, gereinigt von Geschichte, aus Zitaten, gereinigt vom Geist des Zitierten, Kopien, ohne Bewußtsein vom Original, also Original-Kopien, Farcen, die die Tragödie vergessen haben, die sie perpetuieren. Das postmoderne Bewußtsein sagt von den Dingen nur noch das aus: es ist so. Dieses So-Sein ist schon die Praxis, und nur noch das Design bestimmt das Bewußtsein.

Postmodernes Denken ist also im wesentlichen postfaschistisches Denken, Bewußtsein, das die logische Konsequenz der Zäsur ist, die die faschistische Epoche in der Entwicklung des Überbaus bewirkt hat. Wenn also vorhin gesagt wurde, daß Waldheim der erste postmoderne Präsident ist, dann hat es eine gewisse Schlüssigkeit, daß es Österreich ist, das heute einen postmodernen Präsidenten hat: Österreich hatte in der Umformung des faschistischen Erbes zu einer gesellschaftlichen Organisationsform, die die Ausblendung von Widersprüchen und die Harmonisierung von Gegensätzen definitiv betreiben konnte, ein besonderes Geschick, und darin gleichsam eine Avantgarderolle: nirgendwo sonst ist die Uniformierung des Überbaus und zugleich die Zersplitterung des allgemeinen Bewußtseins so umfassend, weil institutionell gelungen, wie hier.

Ich spreche natürlich von der Sozialpartnerschaft.

Es ist ein moderner Treppenwitz, daß gerade die Sozialdemokratie, die diese Entwicklung wesentlich mitgetragen hat, just als sie einmal doch an ein politisiertes und geschichtliches Bewußtsein appellierte, damit nur dem postmodernen Kandidaten zum Sieg verhalf: einem Mann, der, wie eine postmoderne Fassade, aus Zitaten aus der Geschichte zusammengesetzt ist, die beim Einzelnen Identifikation, Zustimmung oder gar Gefallen evozieren kann, im Gefühl, Geschichte zu haben, von ihrer Last aber befreit zu sein.

Die Verösterreicherung der Welt

An der Präsidentschaft Kurt Waldheims schieden sich die Geister. Aber auch Geister, die sich scheiden, wird man nicht mehr los. Ohne Zweifel wird es immer mit seinem Namen verbunden bleiben, daß sowohl in Österreich als auch in der Welt ein Bewußtsein davon aufkam, daß Österreich sich aus seiner Geschichte davongestohlen hat. Nicht weil Waldheim daran oder an etwas anderem nachweisbar Schuld hätte, sondern weil es durch ihn deutlich wurde: was zuvor dumpfe, uneingestandene, allgemeine Identität Österreichs war, wurde erst durch deren Personifizierung im höchsten Amt des Staates weithin sichtbar. So wie ein Krokodil auf einem T-Shirt nichts an dessen Qualität verändert, dieses aber identifizierbar macht und den Raum eröffnet, in dem Anerkennung, Lebensgefühl und dergleichen sich festmachen können, so ist Waldheim zu einer Art Markenzeichen für die Republik geworden, ein Krokodil, das nichts verändert, aber einiges bewirkt hat, das nichts bedeutet, aber Deutungen ermöglicht.

Das ist, sachlich und distanziert betrachtet, eine bemerkenswerte Leistung, nachgerade eine politische Innovation. Was amerikanisierte Wahlkämpfe seit einiger Zeit auf der ganzen Welt versuchen, nämlich Kandidaten nicht als Repräsentanten bestimmter gesellschaftlicher Interessengruppen, sondern als Personifikation des ideell Allgemeinen zu verkaufen, hat Waldheim als erster verwirklicht: er vertrat tatsächlich niemandes Interessen und stand symptomatisch für das Ganze. Vielleicht rührte das gestörte Verhältnis ausländischer Politiker gegenüber Waldheim daher, daß sie in ihm die Verwirklichung des Politikertyps der Zukunft erkennen mußten, während sie selbst immer wieder in die Niederungen der Geschichte mit ihrer Interessenpolitik zurückgestoßen werden.

Der Satz, daß Österreich sich aus seiner Geschichte davongestohlen hat, ist, wie jede Wahrheit, natürlich nicht ganz wahr. Man kann dessen ganze Wahrheit erst ermessen, wenn man mitreflektiert, wohin Österreich sich gestohlen hat, nämlich: in die Zukunft. Das ist keine patriotisch schönfärberische Pointe, sondern leider eine Erfahrungstatsache. Was ist denn »die Zukunft«? Sie ist zweifellos die perspektivische Verlängerung der Wirklichkeit in ein System von Möglichkeiten. Möglicherweise kann, unter Voraussetzung des faktisch Gegebenen, dies, möglicherweise kann aber auch das Gegenteil eintreten. Betrachtet man rückblickend nun historische Vorstellungen von der Zukunft, so kann man feststellen, daß immer beides, etwas Bestimmtes *und* sein Gegenteil eingetreten ist. Das heißt, die Zukunft ist ein System von Möglichkeiten auf der Basis eines Entweder-und-Oder. Das heißt aber auch, daß Zukunft nicht unbedingt etwas sein muß, das vor uns liegt. Man beginnt bereits in der Zukunft zu leben, wenn man die Bestimmungen der Zukunft erfüllt hat.

Das ist in Österreich offenbar gelungen.

Daß wir Österreicher immer schon ein besonderes Talent hatten, den Wirklichkeitssinn völlig durch den Möglichkeitssinn zu ersetzen, davon zeugt ja schon das bedeutendste Werk der österreichischen Nationalliteratur, nämlich Musils *Mann ohne Eigenschaften*. Bruno Kreisky, der bedeutendste Bundeskanzler der Zweiten Republik – er war der bedeutendste, weil er der erste war, der alles mögliche bedeutet hat –, ist daher nie müde geworden, auf Musils Roman hinzuweisen, sicherlich aus keinem anderen Grund als dem, daß die Wähler die österreichische Politik besser verstehen können. Traditionell mag ein Wähler ein solcher sein, weil er die Wahl zwischen verschiedenen Möglichkeiten hat. Das österreichische System hingegen ermöglicht es jedem einzelnen, auf der Basis einer verwickelten Konstruktion freiwilliger und automatischer Mitgliedschaften, deren

Allianzen und Koalitionen, mit einer Stimme gleich alle Möglichkeiten zu wählen. Es ist also in der Zweiten Republik gelungen, den österreichischen Hang zum Möglichkeitssinn in ein real existierendes Gesellschaftssystem umzuwandeln, in ein institutionalisiertes System des Entweder-und-Oder, das, unter dem Namen »Sozialpartnerschaft«, breite Anerkennung im In- und Ausland genießt. Was die Sozialpartnerschaft ist, ist zwar bekannt, allerdings wurde eigentümlicherweise noch nicht erkannt, daß diese die begrifflichen Bestimmungen der Zukunft gesellschaftlich eingelöst hat. Dieses institutionalisierte System des Entweder-und-Oder hat natürlich auch Auswirkungen auf das allgemeine Bewußtsein in Österreich: es läßt sich heute erschöpfend mit dem einen Satz beschreiben, den die Lotto-Gesellschaft an allen Ecken und Enden in Österreich plakatiert (die Lotto-Gesellschaft ist ja möglicherweise in Österreich die Hüterin des traditionellen Antriebs aller geschichtlichen Anstrengungen, nämlich, daß die Menschen ihr Glück machen wollen); der Satz lautet: »Alles ist möglich«. Wenn alles möglich ist, dann heißt das, daß nichts mehr wirklich ist. Österreich hat also die Faktizität von Geschichte und Gegenwart verlassen.

Wenn man rückblickend, also von Österreich aus, betrachtet, was in der Welt geschieht, dann wird jegliche dumpfe Zukunftsangst konkret: denn es droht ja die Verösterreicherung der ganzen Welt.

Die Anzeichen mehren sich. Wien, die Hauptstadt der Sozialpartnerschaft, wurde zum Sitz des internationalen Institutes für Konfliktvermeidung erkoren, zur Zentrale einer Sozialpartnerschaft internationalen Zuschnitts, zur Planungsstelle eines Entweder-und-Oder-Systems ehemaliger Weltmächte. Österreich ist ja bereits eine ehemalige Weltmacht. Nicht der Untergang der wirklichen Welt, wie die Grünen raunen, sondern der Untergang der Welt der Wirklichkeiten ist die Zukunft der Welt.

Natürlich ist das, was heute weltweit geschieht, von Österreich aus betrachtet, noch immer nichts anderes als bloß ein historischer Prozeß. Der Westen zum Beispiel erscheint heute so weit, wie er es eigentlich nur während der Besiedelung Nordamerikas war, als Trecks von der Ostküste Richtung Westen zogen. Aber die neue Weite des Westens ist gegenwärtig möglich geworden durch einen innovativen Gebrauch des Möglichkeitssinns, etwa dem, den Westen in Richtung Osten auszudehnen. Und die internationale Tagespresse sieht dies durchaus schon mit zutiefst österreichischem Blick. Täglich schreibt sie über die aktuellen Ereignisse: dies sei ein historischer Prozeß!

Im Grunde sind die Zeitungen der Welt nur Varianten eines österreichischen Geschichtslehrbuches, approbiert für den Gebrauch an österreichischen Mittelschulen, eine Art von »Zeiten, Völker und Kulturen« mit täglicher Neuauflage. Und in der Tat erfüllt die Weltpresse dieselbe didaktische Aufgabe, täglich fragt sie: Wer hätte das vor wenigen Jahren noch für möglich gehalten? Das heißt, sie schult die Weltöffentlichkeit auf die Verösterreicherung des Bewußtseins ein, also darauf, ab jetzt alles in erster Linie für möglich zu halten.

Möglich ist ja möglicherweise wirklich alles. Aber wie sehr Österreich der Welt immer noch voraus ist, sieht man daran, daß hier alles nicht bloß möglich, sondern vor allem unwirklich ist. Alles, was man in Österreich erlebt, erfährt, liest, hört oder sieht, bedeutet in Wirklichkeit nichts, es bedeutet nur möglicherweise etwas anderes. Unlängst sagte zum Beispiel unser derzeitiger Bundeskanzler, Franz Vranitzky, wörtlich: »Österreich ist ein Asylland, aber in Grenzen«. Diese Grenzen werden bekanntlich vom Bundesheer gegen Asylsuchende verteidigt, gegen Rumänen zum Beispiel. Die Rumänen werden wieder abgeschoben, und zwar, wie es hieß, »in ihre Heimat«. Gesagtes und Wirklichkeit widersprechen sich also, beides berührt sich allerdings doch, nicht in Wirklichkeit natürlich, sondern im Sprachlich-Semantischen, in der Doppeldeutigkeit des Wortes »Grenzen«. Das hat der Kanzler sicherlich nicht gemeint. Aber wieder etwas anderes ist es, was das Gesagte bedeutet. Es bedeutet: Rumänen haben eine Heimat, nämlich Rumänien. Wir Österreicher haben ein Asylland, nämlich Österreich. Es geht wirklich nicht an, daß Menschen, die eine Heimat haben, in ein Asylland kommen. Asylberechtigt sind in Österreich daher nur Menschen, die keine andere Heimat haben, also die Österreicher. So gesehen hat Österreich sieben Millionen Asylanten, was eine wesentlich höhere Zahl ist, als bisher bekannt gegeben wurde, womit auch gleich erklärt ist, warum das Boot wirklich voll ist. Aber auch das hat der Kanzler sicherlich nicht gemeint, selbst wenn Asylant als Synonym für Österreicher möglicherweise eine gewisse Wahrheit enthielte. Auf jeden Fall befindet sich das Gemeinte in Widerspruch zur Wirklichkeit, und die Bedeutung des Gesagten befindet sich in Widerspruch zu beidem und ist vollends unwirklich.

Diese Sprache ist zwar nicht mehr Deutsch, aber gewiß schon das künftige Esperanto der Welt.

Esperanto ist eine Kunstsprache, ein kulturelles Phänomen, und hierin liegt die eigentliche Wahrheit des Gesagten. Denn die Tatsache, daß ein Asylland Asylsuchende »heimschickt«, ist wesentlich eine folgerichtige kulturpolitische Entscheidung, so eigenartig dies auch klingt. Um dies zu verstehen, müssen wir jetzt doch den Blick auf die österreichische Geschichte, auf die Entstehungsbedingungen der Zweiten Republik wenden.

Die besondere Konstruktion dieses Staates und die innere Logik seiner Politik sind ja Konsequenzen des Dilemmas, in dem sich die Republikgründer befunden haben. Die Zweite Republik, die zu gründen von den Alliierten zugestanden wurde, war genauso klein wie die Erste, allerdings wirtschaftlich noch schwächer. Kriegsschäden, Plünderungen,

Demontagen und Reparationszahlungen hatten die ökonomischen Ressourcen Österreichs weit hinter den Stand von 1937 zurückfallen lassen. Aber schon von der Ersten Republik war gesagt worden, daß sie zu klein und wirtschaftlich zu schwach sei, um lebensfähig zu sein.

Nun war Österreich nach 1945 nicht nur politisch machtlos und wirtschaftlich unterentwickelt, es war auch in seiner gesellschaftlichen Dynamik völlig paralysiert. Die aus Österreich vertriebene Vernunft war nicht zurückgekehrt und wurde in anderen Ländern wirksam, während die hier Übriggebliebenen sich aus gutem Grund bedeckt hielten und ihre aus schuldhafter Verstrickung entstandene Immobilität als Basis für gesellschaftliche Stabilität auszugeben versuchten.

Obwohl die materiellen und gesellschaftlichen Voraussetzungen also wesentlich schlechter waren als die der Ersten Republik, mußte an diese neue Republik jetzt aber auf Gedeih und Verderb geglaubt werden. Die Aufgabe war also, eine Staatsidentität zu stiften, die nicht in einer politischen Programmatik begründet war, weil es ja außer Notlügen keine politische Programmatik gab, und die sich nicht auf wirtschaftliche Ressourcen verließ, weil es keine wirtschaftlichen Ressourcen in Österreich gab. Zudem mußte die gesuchte Identität der gesellschaftlichen Immobilität Österreichs entsprechen. Die Lösung war einfach und revolutionär: Hauptaufgabe des nun so kleinen und schwachen Österreich – so hieß es – könne es nur sein, sein großes kulturelles Erbe aus stolzer Zeit zu pflegen und zu erhalten – mit anderen Worten, man beschloß ein republikanisches Museum der Habsburgermonarchie zu sein.

Wenn ein ganzes Land sich zum Museum erklärt, dann ist klar, daß alle Politik, die es macht, Museumspolitik ist. Und Museumspolitik ist Kulturpolitik. Einen komplexen Vermittlungszusammenhang zwischen Politik und Kultur mag es in anderen Ländern geben, hier in Österreich sind alle Formen von Politik ohne komplizierte Vermittlungsinstanzen völlig mit Kulturpolitik identisch geworden. Zum Beispiel die Wirtschaftspolitik. Auch ein Museum muß wirtschaftlich gut geführt werden, und alle diesbezüglichen Entscheidungen sind kulturpolitische Entscheidungen. Die Entscheidung, beim Aufbau der österreichischen Industrie nach dem Krieg nicht auf Finalproduktion zu setzen, sondern auf die Herstellung von Rohprodukten für die billige Weiterverarbeitung durch das Ausland, war eine kulturpolitische Entscheidung: Es ging nur darum, auch einen antiquierten Industriepark zu besitzen, der einem musealen Land entspricht. Der wichtigste Wirtschaftsfaktor Österreichs ist daher der Fremdenverkehr. Etwas zum Herzeigen haben andere Länder auch, aber welches Land kann schon davon leben? Nur ein Land, das sich zum Museum erklärt hat, also per definitionem von Besuchern leben muß. Auch die österreichische Asylantenpolitik wird jetzt verständlich: Die Direktion wehrt sich eben gegen Besucher, die keinen Eintritt bezahlen. Die Entscheidung des Innenministers, eines Kulturpolitikers von Rang, verliert unter diesem Gesichtswinkel jeglichen inhumanen oder bedrohlichen Aspekt.

Man kann alle österreichischen Phänomene nur verstehen, wenn man sich vor Augen hält, daß Österreich ein Museum ist. Gerade auch die Tatsache, daß das österreichische Staatsoberhaupt und ein Museumsdirektor demselben Anforderungsprofil genügen müssen: sowohl der letzte Staatspräsident als auch der neue Direktor des kunsthistorischen Museums sind nicht über eine moderne Qualifikation definiert, sondern wesentlich über ihre Vergangenheit. Allerdings nicht über irgendeine Vergangenheit, sondern über eine solche, die dem österreichischen Geschichtsverständnis insgesamt entspricht. Das heißt, daß beide in der Vergangenheit möglicherweise nichts gemacht haben, wirklich nichts oder nichts wirklich, ausgenommen das, was alle gemacht haben. Wer will es ihnen also vorwerfen, zumal nichts bewiesen ist – es ist alles nur möglicherweise geschehen, und diese Auflösung der Geschichte in ein System von Möglichkeiten ist eben die österreichische Identität.

Nur in Österreich, unter den beschriebenen Voraussetzungen, ist es daher auch möglich, daß nicht nur das Kunstministerium, sondern sämtliche Ministerien mit kulturellen Belangen befaßt sind. Die Bundestheater, aber auch die Salzburger Festspiele unterstehen dem Finanzministerium. Im Mozartjahr tritt selbst der Verkehrsminister als Dirigent auf. Das Außenministerium wiederum ist für Leihgaben und Versand österreichischer Exponate zuständig. Es organisiert etwa große Auslandstourneen der Lipizzaner, die daher von den österreichischen Zeitungen »unsere Botschafter im Ausland« genannt werden. Für diese Botschafter ist allerdings gleichzeitig das Landwirtschaftsministerium zuständig. Und so weiter. Es gäbe noch unzählige Beispiele, die zeigen, daß die staatlichen Strukturen Österreichs der Logik eines Museums gehorchen, das die Größe eines ganzen Landes hat, unzählige Beispiele aus der Geschichte der Zweiten Republik, die deutlich machen, daß das Prinzip der österreichischen Politik die Kulturpolitik ist. Etwa die Tatsache, daß im Nachkriegs-Wien in ganzen Bezirken abends der Strom abgeschaltet wurde, weil man den kontigentierten Strom zum Bespielen der Theater benötigte. Der Mann, der die Macht hatte, den Arbeitern abends in ihren Wohnungen den Strom abzuschalten, war natürlich der (übrigens kommunistische) Kulturstadtrat. Oder die Tatsache, daß der reproduzierenden Kunst bis heute der absolute Vorrang vor der produzierenden Kunst gegeben wird. Der Anteil der produzierenden Kunst am Kulturbudget beläuft sich in Promille, möglicherweise auch ein Hinweis darauf, warum die hier lebenden Künstler in der Mehrzahl Alkoholiker sind.

Es lohnt nicht, die Beispiele ins Unendliche fortzusetzen,

im Grunde kann jedes österreichische Phänomen als Beleg dafür gelten, daß Österreich ein Museum ist. Bleibt nur die Frage, ob dieser Sachverhalt nicht in Widerspruch zur eingangs aufgestellten These steht, daß Österreich bereits in der Zukunft lebe.

Nun sind Widersprüche im sozialpartnerschaftlichen Österreich dazu da, um miteinander identisch zu werden. Zweitens ist dies nicht unbedingt ein Widerspruch. Die Zweite Republik ist der erste Staat der Welt, der, indem er sich zum Museum erklärte, dezidiert als kulturpolitisches Experiment gegründet wurde. Dies war zweifellos ein avantgardistischer Akt. Tatsächlich hat die Identität von Avantgardismus und Musealität nichts Überraschendes. Ein unzeitgemäßer, also hier jederzeit aktueller Denker, nämlich Walter Benjamin, hat einmal lapidar geschrieben: »Die Avantgarde ist ihrem Wesen nach konservativ«.

Wie zwingend die welthistorische Tendenz der Verösterreicherung ist, kann man auch an der Geschichte der ehemaligen DDR ermessen. Staats- und wirtschaftspolitisch ist sie gescheitert. Aber unter der Hand, so unbeabsichtigt wie unaufhaltsam, hatte sich die DDR zu einem beeindruckenden kulturpolitischen Experiment gewandelt, nämlich zum größten Schriftstellerverband der Welt: Hunderttausende Menschen haben, unterstützt, ermuntert und gefördert von den Rahmenbedingungen dieses Staates, regelmäßig recherchiert, beobachtet und die dabei gemachten Erfahrungen zu Papier gebracht. Dies hat zu einem geistigen Klima in der DDR geführt, in dem literarische Meisterwerke entstehen konnten, wie z. B. *Mutmaßungen über Jakob, Das dritte Buch über Achim, Nachdenken über Christa T.* und andere, deren Titel schon anklingen lassen, was die Textstrukturen bestätigen: nämlich, daß sich diese Werke dem Prinzip des Stasi-Berichts verdanken. Vor allem die Gattung Roman hat ja von jeher versucht, die Widersprüche, in denen sich ein Individuum befindet, einzukreisen und dingfest zu machen. Dabei ist es in der Regel so, daß Autor und Leser immer über mehr Informationen verfügen, als der literarische Held selbst. Wenn man dies bedenkt, wird man leicht verstehen, warum die gesellschaftliche Praxis, die in der DDR geherrscht hat, dem Romanschreiben neue genuine Möglichkeiten geradezu zwangsläufig erschließen mußte.

Politisch und wirtschaftlich war die DDR – und ist es jetzt unter dem Titel »Neue Bundesländer« erst recht – ein Museum ihrer selbst. Es entspricht nur der Logik der allgemeinen Entwicklung, daß ihre Industrieanlagen heute nicht modernisiert, sondern stillgelegt werden. Aber die im Weltmaßstab avantgardistische Leistung der DDR, nämlich der Versuch, aus einem ganzen Staat einen Schriftstellerverband zu machen, wirkt, wie man deutlich sieht, heute weiter. Daß es *das* ist, was bleibt, nämlich die Konsequenzen eines *kulturpolitischen* Experiments, auf der Basis einer weitgehenden Musealisierung des Landes, zeigt, daß die DDR zu Recht von hellsichtigen Menschen gerne als »Zweites Österreich« bezeichnet wurde.

Wenn dereinst die völlige Auflösung aller politischen Wirklichkeiten, wie sie gegenwärtig in der Welt stattfindet, zum Abschluß gekommen sein wird, dann wird über dem UNO-Hauptquartier in New York eine große Fahne wehen, die einen Doppeladler zeigt, als Symbol für die Doppelköpfigkeit der Welt, die dann als ganze einerseits avantgardistisch, andererseits museal ist. Und dieser Doppeladler wird brüten auf einem Kuckucksei, auf dem geschrieben steht: A.E.I.O.U. (Austria Erit In Orbe Ultimo – Österreich wird in der Welt das Letzte sein).

Unheimlich statt öffentlich

Anmerkungen zu den Schwierigkeiten, in Österreich kreativ zu sein

Die Verhältnisse hierzulande sind banausisch, kunstfeindlich und geisttötend. Dieser Satz ist ein Zitat. Und ich könnte irgendeinen von zumindest zwei Dutzend lebenden österreichischen Schriftstellern oder Künstlern als Autor dieses Satzes behaupten, und Sie würden diese Zuschreibung glauben. Denn so gut wie alle österreichischen Schriftsteller und Künstler der Zweiten Republik haben neben ihrem jeweiligen Hauptwerk ein umfangreiches Nebenwerk unter dem ideellen Gesamttitel *Leiden in Österreich* produziert. Es gibt kaum einen, der sich einen Namen gemacht hat, ohne gleichzeitig mit seinem Namen dafür exemplarisch einzustehen, daß in diesem Land kreative Arbeit ver- oder zumindest behindert wird, es gibt kaum einen, der den aufgeklärten gesellschaftlichen Diskurs in Österreich mit seinen Vorstellungen vom Guten, Wahren und Schönen belieferte, ohne mit seinem Beispiel zugleich die Doktrin zu variieren, daß dieses Land vom Bösen, von der Lüge und der Häßlichkeit unheilbar infiziert sei. Tatsächlich aber ist obiges Zitat von Karl Kraus. Daß es im österreichischen Kunstbetriebsdiskurs so selbstverständlich als *zeitgenössische Aussage* empfunden wird, und ebenso selbstverständlich als eine, die das heutige *Österreich* beschreibt, ist erstaunlich. Denn erstens war dieser Satz von Karl Kraus auf ein historisches, heute nicht mehr existierendes Österreich gemünzt, zweitens kann er Allgemeingültigkeit für wohl jedes Land der Welt, unabhängig von seiner je besonderen gesellschaftlichen und politischen Organisationsform, beanspruchen. Denn Beispiele für Banausentum, Kunst- und Intellektuellenfeindlichkeit sind überall leicht zu finden, aber nirgendwo wird dieser Sachverhalt so verabsolutiert wie im

Österreich der Zweiten Republik – wo es vergleichsweise eines der höchsten staatlichen Kunstbudgets und massivste Kunstförderung gibt, wo für Kunst und Kultur sogar ein eigener Nationalratsausschuß eingerichtet wird und wo Auseinandersetzungen über Kunst (Theater, Literatur, bildende Kunst, Baukunst) gesellschaftlich und medial einen erstaunlich hohen Stellenwert haben. Diese Fixierung der österreichischen Künstler auf den Staat hat zu einer Eigentümlichkeit geführt, die, soweit ich es überblicke, in der Welt tatsächlich einzigartig ist: Österreichische Künstler sind fast nur noch als Personalunion von Staatsfeind und Staatskünstler zu haben. Underground und Überbau sind dadurch identisch geworden, die Oberfläche – phänomenologisch reflektiert – stellt sich als der tiefste Punkt dieses Landes dar.

Warum ist das so?

Ich möchte von der bekannten Tatsache ausgehen, daß in Österreich die weltweit üblichen Kunstmarktmechanismen traditionell unterentwickelt sind und alle Ansätze für einen funktionierenden Kunstmarkt durch mächtige gegenläufige Traditionen erstickt werden. Unter den üblichen Kunstmarktmechanismen verstehe ich den banalen Sachverhalt, daß Künstler Kunstwerke produzieren, Kritiker diese beurteilen und vermitteln, und ein daran interessiertes Publikum diese Werke entweder annimmt oder ablehnt, sich so oder so in seiner Zeitgenossenschaft überprüft. Diese einfachen Voraussetzungen sind selbstverständlich offen für das Entstehen verschiedener Strömungen, für große Auffassungsunterschiede hinsichtlich der Frage, in welcher Form eine Zeit ihren gelungenen künstlerischen Ausdruck findet. Es sind kurzfristige, mittelfristige und langfristige Karrieren möglich, stetige Revisionen und Neugewichtungen.

Dieses Spiel funktioniert in Österreich vor allem deshalb nicht, weil es hier kein entsprechendes Publikum gibt. Es fehlt jener gewichtige Teil der Öffentlichkeit in einer für einen funktionierenden Markt relevanten Größe, der sich in seinem Selbstverständnis wesentlich auch über sein Kunstinteresse definiert. Das hat eine Reihe historischer Gründe, die bekannt sind – das traditionelle Fehlen eines selbstbewußten und starken Bürgertums genauso wie die Vertreibung der Vernunft 1938 aus Österreich etc.

Von Zeit zu Zeit, vor allem in den 50er und 60er Jahren, sind in Österreich wohl sogenannte Gegenöffentlichkeiten entstanden, die aber, eben durch das Fehlen von Öffentlichkeit, Aporien in sich waren, keine Märkte erobern oder eine gesellschaftlich sich schließlich verbreitende Diskussionskultur entwickeln konnten. Ohne existierende Öffentlichkeit wurde jede Gegenöffentlichkeit, zumal sie in der Regel aus den Produzenten selbst und ihren Freundeskreisen bestand, bloß zu einer Art Wartesaal, wo späterer Anerkennung entgegengedämmert wurde. Es ist in diesem Zusammenhang vielleicht bezeichnend, daß der erfolgreichste Kunstsammler der Zweiten Republik damals nicht zeitgenössische junge Künstler sammelte, die sehr billig zu haben waren, sondern Schiele, der damals auch billig zu haben war.

Das Fehlen von Publikum muß natürlich auf die Vermittlerinstanz, auf die Kritiker, zurückwirken. Da es keine kunstinteressierte Öffentlichkeit in relevanter Größe und entsprechend ausgebildeter Diskurskultur gibt, der gegenüber die Kritiker sich argumentativ bewähren müßten und der sie verpflichtet sein könnten, sehen sich die Kritiker ausschließlich jeweils einigen Produzenten verpflichtet, was jenen medialen Lobbyismus produziert, der in Österreich den Platz der Kunstkritik eingenommen hat. Dieser Lobbyismus sah sich und sieht sich regelmäßig in einer eigentümlichen Aporie. Medialer Lobbyismus kann ja erst recht nur funktionieren, wenn er es versteht, Öffentlichkeit zu mobilisieren. Nun gibt es aber in Österreich keine dafür vorbereitete Öffentlichkeit. Die österreichische Lösung dieser

Aporie ist bekannt: Wenn es keine kunstinteressierte Öffentlichkeit gibt, dann muß man eben die an Kunst nicht interessierte und sogar die kunstfeindliche Öffentlichkeit mobilisieren. Und die gibt es. Und sie ist auch mobilisierbar. Natürlich nicht mit ästhetischen, kunsttheoretischen und kunstkritischen Kategorien, sondern mit solchen, die eine an Kunst uninteressierte Öffentlichkeit tatsächlich bewegen – zum Beispiel *Unser Steuergeld* oder *Unser Stadtbild* oder *Unser politischer* oder *religiöser* oder *sozialer Friede* oder *Unser moralisches Empfinden* etc.

Das ist also meine erste These: Auseinandersetzungen mit Kunst, Kunstwerken, Projekten, Inszenierungen etc. haben in Österreich einen so hohen Stellenwert und dabei ein so niedriges Niveau, weil, in Ermangelung einer kunstinteressierten Öffentlichkeit von relevanter Größe, Politik mit der Mobilisierung der kunstfeindlichen Öffentlichkeit gemacht wird, die natürlich viel größer ist, als es selbst der Idealfall einer hochentwickelten kunstinteressierten Öffentlichkeit sein könnte.

Dieses Spiel hat sich in Österreich so perfektioniert, daß es heute von einigen Künstlern selbst schon betrieben bzw. einkalkuliert wird, um sich als Markenname auf einem nur in Derivaten existierenden Markt durchsetzen zu können. Auf den fehlenden Markt, und wer seine Funktion übernommen hat, möchte ich gleich zu sprechen kommen. Zunächst aber folgt aus dem beschriebenen Sachverhalt dies: ein vernünftiger gesellschaftlicher Diskurs über Kunst, der ästhetisch und werkkritisch argumentiert, ist so natürlich nicht möglich. Und jeder Versuch, einen solchen Diskurs in öffentliche Auseinandersetzungen über Kunst hineinzutragen, ist regelmäßig gescheitert bzw. wurde in *erpreßter Solidarität* spurlos aufgehoben. Solidarität zu erpressen wurde zur infamen Spezialität derer, die scheinbar blauäugig vor der Kunstfeindlichkeit erschraken, die sie selbst mitmobilisiert haben. Man konnte etwa ästhetische oder inhaltliche

Einwände gegen Alfred Hrdlickas *Mahnmal gegen Faschismus und Krieg* bei der Albertina haben (etwa: sind die Verbrechen des Faschismus und Nationalsozialismus durch eine platt realistische Darstellung eines straßenwaschenden Juden überhaupt adäquat darstellbar? Ist ein Mahnmal gegen Faschismus *und* Krieg nicht ein Unding in sich, da der Faschismus schließlich nur durch den Krieg hatte besiegt werden können?), aber damals mußte man dafür sein, um nicht als Nazi-Sympathisant zu gelten, weil eine an Kunstfragen desinteressierte Öffentlichkeit ästhetische Einwände nur als *Einwände gegen ein antifaschistisches Mahnmal* verstehen konnte und wollte.

Nach demselben Prinzip verpufften auch etwaige künstlerische Einwände gegen Claus Peymann: man mußte sich für seine Vertragsverlängerung als Burgtheater-Direktor stark machen, sonst war man automatisch auf der Seite des Loden und Hermestuch tragenden austrofaschistischen Bürgertums, das von einer Restauration der Häussermann-Ära träumt.

Bleiben wir kurz beim Beispiel Peymann, um deutlicher zu zeigen, wie das funktioniert. Ich habe eingangs gesagt, daß alle mit Kunst befaßten Menschen in Österreich regelmäßig darüber Klage führen, wie kunstfeindlich das Klima in Österreich sei. Bei Peymann sieht man besonders deutlich, wie diese Kunstfeindlichkeit auch von jenen ausgeht, die darunter zu leiden vorgeben. Vor einer Uraufführung, etwa vor *Heldenplatz* oder zuletzt vor der *Raststätte*, lanciert er einige ausgewählte Textstellen, einzelne Zitate, die jenen zugespielt werden, die, wenn sie diese Zitate bekommen und wörtlich nehmen, dagegen protestieren müssen. Kaum hat er solcherart eine Hetzmasse mobilisiert, mobilisiert er jene dagegen, deren Solidarität er gegen diese reaktionären Mächte für sich erpressen kann. Wie auch immer man dann am Ende Werk und Inszenierung diskutiert und diskutieren kann: was Peymann getan und vorgegeben hat, ist das Geistloseste und Banausischste, was an Umgang mit Literatur überhaupt möglich ist, nämlich Textstellen aus dem Zusammenhang zu reißen und die Öffentlichkeit darauf einzuschulen, diese Zitate wörtlich zu nehmen, um auf diese Weise reflexartige Ablehnung oder Zustimmung zu erreichen. Gäbe es in Österreich eine kunstinteressierte Teilöffentlichkeit von einigermaßen relevanter Größe, wäre es just diese, also nicht der banausische und reaktionäre, sondern der aufgeklärteste Teil der Gesellschaft, der sich über Peymanns Scheitern einig geworden wäre und seine Ablöse betrieben hätte.

Damit komme ich zu meiner zweiten These: Wenn es keine kunstinteressierte Teilöffentlichkeit in gesellschaftlich relevanter Größe mit entsprechend entwickelter Diskussionskultur gibt, wenn das fehlende Publikum durch mobilisierte Hetz- und Solidaritätsmassen und -meuten ersetzt wird, wenn es also keinen funktionierenden Kunstmarkt gibt, dann hat die Kunst in Österreich auch keinen wirklichen Adressaten. Die Rolle des Adressaten der Kunst hat in Österreich der Staat übernommen, als alleiniger potenter Förderer, Käufer, Vermittler, Initiator, Vermarkter (etwa in Hinblick auf den Fremdenverkehr) etc.

In Österreich werden, um nur ein Beispiel aus einer Sparte zu geben, mehr literarische Bücher angekauft als verkauft. Vielleicht haben Sie auch die interessante Notiz in der Zeitung gelesen, daß einer Erhebung des Börsenvereins des deutschen Buchhandels zufolge in der Stadt Zürich allein mehr literarische Titel verkauft werden als in ganz Österreich? Das ist der Grund, warum österreichische Künstler so fixiert sind auf den Staat, daß sie gar nicht anders können, als sich zu einer Personalunion von Staatsfeind und Staatskünstler zu entwickeln. Das gehorcht einer Dialektik, in der Hoffnungen und Frustrationen gegenüber dem einzigen real existierenden Adressaten ununterbrochen kollabieren. Hermann Nitsch: »Daß der Bundespräsident nicht zu meiner Vernissage kommen will, ist ein Skandal. Der Präsident dieses Staates muß hinter meiner Kunst stehen, wie hinter der verstaatlichten Industrie!«

In jedem anderen zivilisierten Land würde der Vorwurf, der Staat sei banausisch oder kunstfeindlich oder ahnungslos gegenüber neuer Kunst, als lächerlich empfunden werden, da es nirgendwo als eine dem Staat zufallende Aufgabe empfunden wird, das neue Genie im Café am nächsten Eck zu entdecken. In Österreich ist das anders. Wer sonst als der Staat soll den Künstler entdecken, noch dazu so, daß er dann auch davon leben kann?! Um diesen einzigen Adressaten tobt daher der Krieg der Lobbies, die die Kunstkritik und Vermittlung in Österreich ersetzt haben. Und deshalb und nur deshalb kennt ein österreichischer Schriftsteller oder Maler in der Regel schon seinen zuständigen Minister, noch bevor er einen Verleger oder Sammler kennengelernt hat. Und ebendeshalb hat dieser des Banausentums und der Ahnungslosigkeit geziehene Staat eines der relativ größten Kunstbudgets der Welt. Wie dieses Geld verteilt wird, ist eine sekundäre Frage. Das hat mit dem Kräfteverhältnis der Lobbies zu tun. Sich an dem Lobbyismus aber zu beteiligen, macht jede Klage über den Verteilungsschlüssel bloß zu einem taktischen Bestandteil dieses Kampfes und darüber hinaus obsolet. Jedenfalls muß der Staat die Förderung, die er so oder so ausschüttet, wieder legitimieren, das heißt, vor einer *Wähleröffentlichkeit*, die an Kunst nicht interessiert ist. Sie sehen, wie sich die Spirale dreht. Und er muß die Leistungen, die er finanziert, auch wieder verkaufen. In der Regel geschieht dies dadurch, daß er sie als Angebot in der Fremdenverkehrswerbung inseriert. Das heißt, der Staat, der in Ermangelung eines Publikums zum alleinigen Kulturadressaten geworden ist, sorgt dafür, daß ein Publikum in dieses Land importiert wird, und er findet dafür Worte und Formulierungen, die wesentlich analytischer sind als alles, was von den Kunstproduzenten kultur- und staatskritisch geäußert wurde. In deutschen Zeitungen schaltete der Wiener Fremdenverkehrsverband zum Beispiel folgendes Zitat: *Wien ist Kultur. In Wien können Sie unheimlich aktiv sein.* Der Begriff des Unheimlichen bezeichnet tatsächlich sehr exakt, was hier eine kulturinteressierte, aktive Öffentlichkeit ersetzt hat.

Meine dritte These: Unter den beschriebenen Voraussetzungen kann es kaum zeitgenössische Auseinandersetzung mit Kunst geben, sondern wesentlich nur zeitverschobene, verspätete Auseinandersetzungen. Wenn der Staat der Hauptadressat der Kunst ist, dann bedingt dies schon alleine wegen der natürlichen Trägheit bürokratischer Institutionen einen stark retardierenden Effekt, abgesehen davon, daß ein Staat nicht auf Karrieren spekulieren kann, sondern sie voraussetzen will. Kleine Förderungen, also ökonomisches Überlebenlassen, und große staatliche Repräsentation sind verschiedene Dinge. Es ist in der Regel daher in Österreich so, daß zum Beispiel ein Maler zwanzig Jahre von staatlichen Stipendien oder vom Verkauf von Bildern lebt, die in staatlichen Depots verschwinden, bis er endlich zu dem Genie herangereift ist, das man mit staatlichen Fördermitteln in den internationalen Kunstmarkt einzuschleusen versucht. Dann jettet auch der Kanzler ins Ausland, um einer Vernissage beizuwohnen, und sieht sich mit baffem Unverständnis konfrontiert. Dabei war es nicht Unverständnis, sondern nur ein doppeltes Mißverständnis. Natürlich hatte der Kanzler geglaubt, daß die Bilder, deren Präsentation im Ausland er durch seine Anwesenheit aufzuwerten versucht, zeitgenössische Kunst seien, aber dort hat man gewußt, daß sie das nicht sind, beziehungsweise vor zwanzig Jahren gewesen wären. Und natürlich hatte der Kanzler zu Recht diese Bilder als Leistung der Kulturnation Österreich, als Produkt der staatlichen Rahmenbedingungen angesehen. Aber dort hatte man, was ja auch stimmt, einen Künstler erwartet, der dem Staat aufmüpfig ist – und dann ist es nicht möglich, ein Foto von diesem Künstler zu machen, ohne daß er von Staatskanzler und Kunstminister eingerahmt ist.

Genauso ist es die Regel, daß etwa ein Architekt zwanzig Jahre in Österreich nichts bauen darf, in dieser Zeit aber zu einem solchen Star wird, der sich dann gleich im Zentrum verwirklichen darf. Wer meinte, daß wirklich *zeitgenössisch* gebaut werden soll, wenn sich schon überraschenderweise die Möglichkeit auftat, daß an dieser Stelle »zeitgenössisch« gebaut werden darf, der hat seine Einwände sofort zurückgesteckt, als sich die antimodernen Kräfte in Wien zu formieren begannen.

So muß hier schon als kühn gelten, was Staat oder Stadt bei einem *Lebenden* bestellen, und als ästhetisch konsequent, was nur noch Selbstzitat, also die Werkgewordene Durchhalteparole des Künstlers ist.

Kaum ist die Kreativität eines Künstlers erschöpft und in blanke Repetitivität übergegangen, wird er als kreatives Potential entdeckt. Jede Auseinandersetzung damit, was er dann produziert, muß verquer laufen, weil sie zu spät kommt, und dieser Sachverhalt, weil es ja das Neueste ist, das jetzt zu spät kommt, in der Debatte auch nicht mehr mitreflektiert wird. Dies geschieht sehr naiv und unschuldig, es gehorcht einem selbstverständlichen, geradezu banalen Mechanismus. In der Moderne bezog sich der Staat, wenn er an kulturelle Repräsentation und künstlerische Selbstdarstellung dachte, auf die Vormoderne. In der Postmoderne greift er natürlich auf die Moderne zurück. Doch während sich etwa das Gründerzeit-Wien im Historismus tatsächlich noch adäquat dargestellt fühlte, obwohl die zeitgenössische Kunst schon viel weiter war, so geht es heute überhaupt nicht mehr um adäquate Selbstdarstellungen auch durch Kunst, sondern einfach um die verspätete Hofübergabe der Vormoderne an die Moderne in Österreich unter der Patronanz des Staates. Und das wäre weiters ja belanglos bzw. sogar historisch gerecht, wenn es eben jene Teilöffentlichkeit in Österreich gäbe, die mit einem avancierteren Diskurs und mit expliziter Zeitgenossenschaft diese Entwicklung dadurch konterkarierte, daß sie ihr eben voraus ist. So aber gemahnen die Signale der Moderne in Österreich an einen Blinker, den ein geradeaus fahrender Autofahrer vergessen hat auszuschalten, und bekanntlich hat solch ein Blinken auch keine weiteren Konsequenzen auf das Fahrverhalten. Das geschieht, wie gesagt, unschuldig.

Im SPÖ-Club hängt jetzt zum Beispiel dort, wo früher ein Ölgemälde war, das den Parteigründer Viktor Adler zeigte, ein großes Schüttbild von Hermann Nitsch. Unterstellen Sie diesem Sachverhalt keine Ironie. Kein postmoderner Zyniker in der Partei hat das durchgesetzt, etwa mit der Überlegung, daß ein Schüttbild von Nitsch aussieht wie eine rote Fahne nach dem Hauptwaschgang und daher den Zustand der Partei gelungen künstlerisch ausdrückt. Wahrscheinlich hat sich nur irgendwer gedacht: *Das ist modern*, und: *Wir müssen uns jetzt moderner darstellen*. Nicht mehr und nicht weniger. Bloß Signale, denen alles Grundsätzliche fehlt, das ein gesellschaftlicher Diskurs über Kunst produzieren könnte.

Allerdings: So versteinert die beschriebenen Verhältnisse auch schienen, in letzter Zeit begannen sie zu tanzen. Die Gesellschaft, ihre Interessenvertretungen, der Staat, seine Institutionen, befinden sich bekanntlich in einem großen Transformationsprozeß, der offenbar dazu führen wird, daß bald nichts mehr stimmt, was wir unter dem Titel *Zweite Republik* für selbstverständlich erachtet haben. Dies eröffnet eine Reihe von Chancen auch für die Kunst und für eine neu sich formierende Öffentlichkeit. Dennoch oder auch deshalb wird sicherlich schon demnächst unsere Solidarität ein weiteres Mal, diesmal politisch, erpreßt werden, nämlich gegen Jörg Haider. Ich verstehe, daß es Wut bei einem Staatskünstler auslösen muß, wenn ihm sein Staat abhanden zu kommen droht, und es muß wirklich eine Horrorvorstellung für einen Staatsfeind sein, daß der Staat plötzlich wirklich sein Feind werden könnte. Aber bei aller selbstverständlichen politischen Gegnerschaft zu Haider, sollten wir uns dennoch gut überlegen, ob wir in einem erpreßten Schulterschluß aller Fortschrittlichen an der Bewahrung von Verhältnissen mitwirken wollen, von denen Jörg Haider nur besonders geschickt profitiert.

News von Masse und Macht

Wenige Wochen nach Elias Canettis Tod fand in der Wiener Staatsoper ein großes Fest statt, das Massen mobilisierte, um ein Massenmedium zu feiern, zugleich war es eine Demonstration des Zusammenhanges von Massenmedium und Macht. Anlaß war das Erscheinen der einhundertsten Ausgabe der Zeitschrift *News*. Einer der Gründe für den Erfolg dieser Zeitschrift ist, daß sie regelmäßig Listen von Menschen veröffentlicht, die gleichsam »über der Masse stehen«, weil sie in irgendeinem Zusammenhang besonders »wichtig« sind. Der Witz dieser Listen liegt darin, daß sie so lang sind, daß die darin verzeichneten Namen sofort wieder eine Masse ergeben. Nun bildeten also diese Masse eine *Festmasse* – wie von Canetti beschrieben: *Es ist sehr viel vorhanden auf einem beschränkten Raum, und die vielen, die sich auf diesem gewissen Areal bewegen, können alle daran teilhaben. Die Erträgnisse, welcher Kultur auch immer, werden in großen Haufen zur Schau gestellt... Viele Verbote und Trennungen sind aufgehoben, ganz ungewohnte Annäherungen werden erlaubt und begünstigt... Die Dichte ist sehr groß, die Gleichheit aber zum guten Teil eine der Willkür und des Genusses...*

Als der Bürgermeister von Wien, Helmut Zilk, auf die Opernbühne trat, blätterte sich *Masse und Macht* flugs weiter, zum Kapitel *Der Dirigent: Es gibt keinen anschaulicheren Ausdruck für Macht als die Tätigkeit des Dirigenten... Der Dirigent steht... Er steht allein... er steht erhöht... Er gewöhnt sich daran, immer gesehen zu werden, und kann es immer schwerer entbehren.*

Nach einer kurzen Ansprache drehte er dem Publikum den Rücken zu und streckte einen Arm hoch. *Er steht an der Spitze und hat dem Publikum den Rücken zugekehrt... Er gibt an, was geschieht, durch das Gebot seiner Hand.* Die

Hand des damaligen Wiener Bürgermeisters gab tatsächlich an, was geschah: sie wurde zum Symbol allerdings der Hilflosigkeit der Macht gegenüber Entwicklungen, die, obwohl sie den Massenmedien zufolge keiner will, wieder einmal *geschehen*. – Die Finger dieser Hand sind von einer Briefbombe, die Rechtsradikale an den Bürgermeister geschickt hatten, weggesprengt worden. An dieser Hand zeigte sich also, daß die historische Alternative zur heutigen Form des Massenglücks, nämlich der Faschismus, immer noch als Bedrohung existiert. Aber das wollte der Bürgermeister jetzt nicht zeigen, nicht bei diesem Fest, er rief, daß er dieses Massenmedium liebe, drehte dem Publikum den Rücken zu, hob seine fingerlose Hand, es war ein Einsatz, auf den laut und emphatisch eine bekannte Melodie ertönte – *Goldfinger*.

Mädchen in goldenen Trikots sprangen hinter der Bühne hervor und warfen Exemplare der Jubiläumsausgabe der Zeitschrift ins Publikum, aus dem sich Aberhunderte Arme Richtung Bühne streckten.

Der Herausgeber der Zeitschrift trat auf und verkündete *voll Stolz*, daß der Bürgermeister demnächst sein Amt niederlegen und in den Zeitschriftenverlag eintreten werde. Plötzlich war der Bürgermeister verschwunden. Mit der Bekanntgabe seines Eintritts in das Massenmedium war er von den Massen verschluckt.

Natürlich nicht ganz. Immer wieder war er da und dort sichtbar, identifizierbar. Und er sollte ja auch der Masse als einer, der über sie hinausragt, erhalten bleiben, durch seinen Eintritt in den Zeitschriftenverlag als Ikone seines Ruhms – der *Ruhm* ist in Canettis *Masse und Macht* eine Variante der *Macht*. Aber das Rätselhafte und Schockierende dieser Show von Masse und Macht, dieses Auftritts des *Dirigenten*, war mit Canetti plötzlich nicht mehr zu fassen: nämlich die *Komposition* – aus fingerloser Hand, der Melodie *Goldfinger*, und den Hunderten zur Bühne hingestreckten Händen, die aber nicht dem *Dirigenten* galten, sondern dem Medium. Auf dem Cover der Jubiläumsnummer dieses Mediums, das nun ins Publikum geworfen wurde, war allerdings auch dieser Bürgermeister abgebildet. Es wurde also durchaus ihm, aber vermittelt gehuldigt, vor allem aber war deutlich, daß er die Inszenierung nicht mehr wirklich *in der Hand hatte*: der Gestus der Macht, die erhobene Hand, paßte nur noch zufällig, als prototypische, in diese Inszenierung. *Goldfinger* aber konnte weder dieses Bürgermeisters Idee noch sein Wunsch gewesen sein. Man kann sich nun sehr einfache Vorstellungen davon machen, welche Interessen er hat, um in solch einem Spiel mitzuspielen und in solch einem Augenblick immer noch glücklich zu lachen, welche Interessen das Massenmedium hat, und welche die Masse. Aber wie funktioniert die Vermittlung, wieso funktioniert die Inszenierung, sogar wenn Massenmedium und Dirigent zu verschiedenen Partituren greifen? Canettis Werk liefert Prototypen von Massen, Prototypen von Macht in individueller Gestalt – es verrät aber nichts über deren Vermittlungszusammenhang. Wie konnte Canetti mitten im zwanzigsten Jahrhundert eine Theorie von Masse *und* Macht schreiben, ohne daß aus dem »und« des Titels eine Theorie der Massenmedien herauspurzelt? Seine »Buschmänner«, wie er selbst seine ethnographischen Quellen nannte, in Ehren, aber in *Masse und Macht* finden wir nicht einmal einen Hinweis auf die Buschtrommel.

Als ich mir etwas zu trinken holen wollte, traf ich im Massengeschiebe einen Mitarbeiter des Massenmediums, der mir *ganz unter uns* anvertraute, daß dieser künftige Ex-Bürgermeister über Strohmänner Anteile an dieser Zeitschrift hielt. Sofort dachte ich, daß dies, falls die Information stimmte, nicht nur ein demokratiepolitisches Problem sei, sondern zugleich auch die Lösung jenes Problems, das im »und« von Canettis *Masse und Macht* steckt: Ist der Strohmann womöglich die komplementäre Figur zu Canettis Buschmann? Der Mittler, das Urbild des Mediums, der ewige Prototyp, dessen anthropologische Konstante es ist, gleichzeitig Masse und Macht sein zu können? Unidentifizierbar verschwindet er in der Masse, und doch steht er ihr als klar bestimmbarer Einzelner gegenüber, als Statthalter der Macht – war ich, Canetti weiterdenkend, einer Erklärung für den Erfolg dieser Zeitschrift auf der Spur? Nun war ich in der Masse so weit vorgerückt, daß es mir gelang, etwas zu trinken zu bekommen.

Nein, so verführerisch der »Strohmann« als Begriff auch wäre, er ist nicht der Mittler, kann es nicht sein. Tritt er als Mittler auf, endet die Vermittlung. Er ist nur einer Seite verpflichtet, der nicht-öffentlichen. Er kann die Vermittlung nie für beide Seiten herstellen. Um die Frage nach der Vermittlung von Masse und Macht zu klären, ist nicht die Information über geheimnisvolle Strohmänner das Entscheidende – der Informant selbst wäre es. Dieser bestimmte Typus von Informant: *Der Denunziant.*

Was gerade noch im Dunklen lag, durch ihn ist es in ein schiefes Licht gesetzt. Das schiefe Licht folgt dem Gefälle von Masse und Macht. Selbst zu mir, einem Menschen aus der Masse, gelangte diese vertrauliche Information über die Macht. Der Denunziant bewegt sich in der Masse, er ist ein Teil von ihr, kann mit jedem einzelnen der Masse reden. Er kennt die einzelnen der Masse, kann sie ansprechen, weiß genug von jedem einzelnen, um für seine Informationen einen fruchtbaren Boden vorzufinden. Er ist in der Masse der Freund der Masse, er nährt ihren kritischen Blick auf die Macht. Zugleich aber ist er ein Teil der Macht. Man merkt: Er kennt die Mächtigen, weiß über sie, was andere nicht wissen, er hat Informationen von ihnen. Was er jemandem zuraunt, ist gerade erst nur ihm zugeraunt worden. Seine Informationen müssen nicht stimmen, aber im Vermittlungszusammenhang können sie nur so funktionieren: Sie sind unbeweisbar, aber sie erklären vieles.

Der Denunziant vermittelt zwischen einzelnem und Masse, indem er selbst der Masse angehört, allerdings als einzelner, der die Masse als lauter einzelne sieht und kennt. Und er vermittelt zwischen der Masse insgesamt und der Macht, indem er sich in der Masse über sein Nahverhältnis zur Macht, und gegenüber der Macht über seine Kenntnisse der Masse definiert. Er kennt nicht nur die einzelnen der Masse, er kennt auch von der Macht, ihren Repräsentanten und Institutionen immer einzelne. Er erringt das Vertrauen der Masse, indem er von unbekannten Plänen, Absichten und Taten der Macht zu raunen weiß, und er erringt das Vertrauen der Macht, indem er selbst den Gedanken der Masse zur Aktenkundigkeit verhelfen kann. Sein Spezialgebiet ist beiderseits das Unbeweisbare, darum ist er so wichtig: Ohne ihn wäre nichts bezeugt. Er stiftet also die Realität, auf der sich Masse wie Macht bewegen. Ratschlag und Verrat sind ihm im Gestus eins, bedingungslos treu ist er dem Verhältnis, das er herstellt. Ob er »das beste Restaurant der Stadt« oder mögliche politische Szenarien ausplaudert, es ist strukturell dasselbe: eine Ansichtssache, die Ansichten erst ermöglicht.

Alles, was er weiß, erfährt, denkt, weitergibt, wird in seinem Kopf zum System, dem er dient. In diesem System fehlt aber immer als Mitgedachtes ein zentrales Element: Er selbst. Elemente sind für ihn immer nur die anderen. Er ist daher immer in seinem Element, aber nie bei sich. Deshalb käme er nie auf den Gedanken, zu sein, was er ist. Er tut, was er tut, im Sinne der Vermittlung so notwendig wie pflichtunschuldig.

In roher Form existierte der Typus des Denunzianten in allen totalitären Gesellschaften; in den offenen Gesellschaften ist er unweigerlich domestiziert – und erst recht in seinem Element: denn die offenen Gesellschaften begreifen sich als Informationsgesellschaften, und der Denunziant begreift sich grundsätzlich als Medium – Masse und Macht sein Ohr leihend *ist* er also das mächtige Massenmedium. Die Zeitschrift, die sich hier feierte, wirbt daher mit dem Slogan: »Worüber ganz Österreich spricht«, und eröffnet ihre Berichterstattung jede Woche mit der Seite »Top secret«. Die Identität zwischen dem, worüber alle sprechen, und dem, was niemand weiß, stellt dieses Medium besonders exzessiv mit eben der Technik her, der sich jeder Denunziant bedient: *Ganz unter uns* – in der Fachsprache heißt das *exklusiv.* Verrät das Medium zum Beispiel exklusiv, daß ein bestimmter Minister zurücktreten werde, dann kann es eine Woche später ebenso exklusiv bekannt machen, warum dieser Minister jetzt doch nicht zurückgetreten ist. Das klassische Informationsmedium aber muß warten, bis etwas faktisch geschehen ist – aber dann wissen es auch alle anderen. Inzwischen hatte dieses Medium bereits zwei *EXKLUSIV*-Geschichten. Die Exklusiv-Geschichte hat die zwanghafte Tendenz, sich von überprüfbarer Faktizität zu befreien, und zugleich die fixe Idee, die Faktizität zu beherrschen. Genau dieses Wechselspiel von Machtattitude und objektiver Beliebigkeit macht auch das Lebensgefühl der modernen Masse aus, wie sie sich auf diesem Fest darstellte: es ist ein massenhaft herstellbares Gefühl von Exklusivität.

Gerade als ich gehen wollte, sah ich den Redakteur, mit dem ich zuvor gesprochen hatte, angeregt mit dem Bürgermeister reden. Die Frage, wer der Strohmann sei, über den dieser Bürgermeister seine Hand im Spiel dieses Mediums hat, beziehungsweise ob dieser Strohmann überhaupt existiere, hat, dachte ich nun, etwas Anachronistisches. Weder Masse noch Macht wollen noch Aufklärung über sich selbst. Der nunmehrige Ex-Bürgermeister steht für eine ganz andere Frage, über die ganz Österreich spricht und die zugleich top secret ist: Wer ist der Täter, wer ist der Briefbombenterrorist?

Wenige Wochen nach diesem Fest machte *News* tatsächlich mit der Titelgeschichte »Der Täter« auf. Im Heftinneren erfuhr man, daß die Polizei den Täter zwar noch immer nicht ausgeforscht hatte, aber die Zeitschrift hatte ein »Täterprofil«: »Der Täter ist zwischen 40 und 60 Jahre alt. Familienstand: Unverheiratet, geschieden oder verwitwet. Beruf: Beamter im öffentlichen Dienst oder Rechtsanwalt. Möglicherweise auch arbeitslos oder in Pension«. Was ist sein Ziel? »Ein Rechtsruck«. Das alles wußte *News* exklusiv. Ganz unter uns: Ergibt *dieses* Täterprofil in diesem Land nicht schon wieder eine Masse?

Anhang

Textnachweise

Die sozialpartnerschaftliche Ästhetik. Das Österreichische an der österreichischen Literatur der Zweiten Republik
São Paulo, 1981/82

Im Anfang war das Neue Österreich. Die Erschaffung des österreichischen Überbaus
Falter, 1985

Die Ohnmacht des Machers im Literaturbetrieb. Zu Tod und Werk von Gerhard Fritsch
Originalbeitrag, 1990

Wien, die Hauptstadt des ausgehenden 20. Jahrhunderts. Zu Leben und Werk von Hermann Schürrer
Originalbeitrag, 1990

Der Name der Rose ist Dr. Kurt Waldheim. Der erste postmoderne Bundespräsident
Falter, 1987

Die Verösterreicherung der Welt
Falter, 1991 – unter dem Titel »Österreich, Land der Zukunft«

Unheimlich statt öffentlich. Zu den Schwierigkeiten, in Österreich kreativ zu sein
Die Presse, 1994 – unter dem Titel »Wie es ist, wenn es bleibt, wie es ist«

News von Masse und Macht
profil, 1995

Bildnachweise

Bildnachweis: Abb. 1, 2, 4, 7, 16 und 17 © A. Bellingrath; Abb. 3, 5, 11, 12 und 15 © Dokumentationsstelle für neuere österreichische Literatur; Abb. 6 © Otto Breicha; Abb. 8 © Österreichische Nationalbibliothek; Abb. 9 und 10 © Karin Mack; Abb. 13 © Barbara Fritsch; Abb. 14 © Erica Schmied; Abb. 18, 19, 20, 24, 25 und 26 © Heidi Heide; Abb. 21, 22 und 23 © Lisl Ponger; Abb. 27 © Verlag Droschl

Register

Robert Menasse
Selige Zeiten, brüchige Welt
Roman

1984. 374 Seiten
suhrkamp taschenbuch 2312

Ein Liebesroman, ein Kriminalroman, ein philosophischer Roman, eine jüdische Familiensaga.
Leo Singer, Philosophiestudent, Sohn jüdischer Eltern, die in der Zeit des Nationalsozialismus nach Brasilien emigrierten, kehrt Anfang der 60er Jahre mit seinen Eltern nach Wien zurück. Er verliebt sich in Judith Katz. Sie soll seine Muse sein im Versuch, die Welt ein letztes Mal in ein philosophisches System zu zwingen. Judiths Tod eröffnet ihm das Geheimnis des Lebens – aber ist sie wirklich tot? Das Leben geht weiter – als erlaubt ist.
In der *Zeit* schreibt Erich Hackl: »Ein Buch, das die Welt – verändern? beeinflussen? jedenfalls beunruhigen wird. Robert Menasses Roman schildert, wie dieses Werk Leo Singers, das unsere Existenz erschüttern soll, nie zustande kommt. Und er macht das so unterhaltsam, daß man dem geglückten Buch über ein mißglücktes Buch möglichst viele Leser wünscht: 1 × Menasse, *Selige Zeiten, brüchige Welt*, bitte schnell, bitte gleich!«

Robert Menasse
Phänomenologie der Entgeisterung
Geschichte des verschwindenden Wissens

1985. 87 Seiten
suhrkamp taschenbuch 2389

In seinem Roman *Selige Zeiten, brüchige Welt* erzählt Robert Menasse von der fixen Idee des tragikomischen Gelehrten Leo Singer, ein Buch zu schreiben, das die Welt ein letztes Mal umfassend erklärt. Um dieses Buch zustande zu bringen, schreckte Singer auch vor Gewaltverbrechen nicht zurück – und scheiterte dennoch.
Nun hat Robert Menasse dieses Buch für seinen Romanhelden geschrieben, die *Phänomenologie der Entgeisterung*, eine Erzählung, die die Erzähltechniken Hegels noch einmal ernst nimmt. In der *Phänomenologie des Geistes* beschrieb Hegel die Entwicklung des Bewußtseins von der Stufe des einfachsten Denkens bis zum »Absoluten Wissen« – das, so Hegel, mit ihm selbst erreicht war. Aber wie ging es nach Hegels Tod weiter? Die Geschichte ist zwar bekannt, aber nicht erkannt: Die Fortsetzung von Hegels Erzählung erweist sich als Spiegelgeschichte, die zeigt, daß wir in die Gegenwart gelangen, wenn wir Hegels Phänomenologie vom Ende zum Anfang zurücklesen. Auf dem Weg zurück entspricht jedes Kapitel einer der Epochen von Hegel bis heute. Am Ende sind wir am Anfang, also ganz am Ende.
Entstanden ist ein Entwicklungsroman en miniature, aber mit verkehrten Vorzeichen: ein Verkümmerungsroman des Geistes.
Ist die *Phänomenologie der Entgeisterung* ein philosophischer oder ein literarischer Text? Es ist ein Beweis für ihre innere Stimmigkeit, daß diese Frage nicht mehr entschieden werden kann. Auf alle Fälle ist das Buch eines: der kurze Brief zum langen Abschied von Hegels Totalitätsdenken.